OUDE WERELD
NIEUWE WERELD

*Reizen gedurende een
Overgangstijdperk*

COLOFON

© Bakas Books bv, 2016
Dexter is an imprint of Bakas Books BV.
All rights reserved. Except for the quotation of small passages for the purposes of criticism or review, no part of this publication may be reproduced, stored in a retrieval system or transmitted in any form or by any means, electronic, mechanical, photocopying, recording, scanning or otherwise, except under the terms of the Copyright, Designs and Patents Act 1988 or under the terms of a licence issued by the Copyright Licensing Agency Ltd, 90 Tottenham Court Road, London W1T 4LP, UK, without the permission in writing of the publisher.

Auteurs: Adjiedj Bakas, Vinco David
Redactie: Dirk van Harten
Ontwerp: Wentelwereld, Bergen op Zoom

ISBN/EAN: 978-94-91932-24-3
NUR: 500

INHOUDSOPGAVE

Reizen in een veranderende tijd	5
Cuba Libre... What's next?	11
Suriname (re)visited	37
Marokko: land van de Berber-omelet	55
Peru: het land achter El Condor Pasa	79
Israël en Jordanië: reis langs de rand van een conflict	103
India: stilte verlicht je levenspad	127
Letland in de overgang	155

REIZEN IN EEN VERANDERENDE TIJD

We maken grote reizen om de dingen te zien waarop we in onze woonplaats geen acht slaan. De Romein Plinius begreep dit al ruim twee millennia geleden. Maar we hebben nu meer tijd om te reizen dan in zijn dagen het geval was. In 1850 hadden we in het Westen een werkweek van gemiddeld 70 uur en hadden alleen de rijken genoeg geld om te reizen. De werkweek is nu teruggebracht naar minder dan 40 uur en de meeste Nederlanders gaan minstens een keer per jaar op reis. In 1900 reisden we in Nederland gemiddeld 30 kilometer per jaar, inclusief woon- en werkverkeer. Dat is nu 10.000 kilometer per jaar geworden, exclusief vakantiereizen. En dat terwijl we voor 1914 in Europa konden reizen zonder paspoorten en we dus een vrijer verkeer van personen kenden dan nu het geval is! Volgens de Wereld Toerisme Organisatie zwermden er in 2015 ruim 1,1 miljard internationale toeristen over de wereld. Dit aantal zal stijgen naar 1,8 miljard sightseeënde en selfies nemende mensen in 2030. Toerisme is financieel gezien goed voor stad en land. New York, dat jaarlijks ruim 50 miljoen toeristen trekt, verdient bijvoorbeeld een kleine 33 miljard dollar aan toerisme. Behalve hogere omzetten voor hotels, winkels, theaters, musea en noem maar op, betekent dat ook veel extra werkgelegenheid. Het is dan ook geen wonder dat stadsbesturen en regionale VVV's de loper uitrollen voor de massaal toestromende reislustigen.

Reizen geeft driedubbel plezier: vooraf is er de verwachting, de reis zelf is een avontuur en na afloop is er de herinnering. In de afgelopen 20 jaar maakten wij samen vele reizen. Over sommige schreven we reisverhalen, maar lang niet over allemaal. Soms waren onze reizen gecombineerd met werk, maar vaak ook niet. In dit boek brengen we zeven van onze reizen bij elkaar. Een daarvan speelt zich af in de oude wereld, in Avondland Europa, de andere in vaak nieuwe, opkomende landen. Deze twee werelden verschillen behoorlijk, vooral ook op demografisch gebied. In de Oude Wereld zijn vergrijzing en ontgroening de norm, terwijl in de Nieuwe Wereld een groter aantal jonge mensen rondloopt. De Oude Wereld is aangeharkt, netjes; de Nieuwe Wereld is rommeliger, met minder ruimtelijke ordening en bestemmingsplannen en met meer verwaarlozing van monumenten en oudheden. Ook de energie in beide werelden verschilt. We zien behoudzucht versus ambitie. Maar of al die ambities in de Nieuwe Wereld gerealiseerd zullen kunnen worden? We betwijfelen het. De digitale transformatie zorgde de afgelopen decennia voor veel nieuwe middenklassebanen in de opkomende landen, maar die verdwijnen straks weer met de opkomst van kunstmatige intelligentie, robotica en 3D- en 4D-printing. Ook de vertraging van China's economische groei doet zich in die landen goed voelen. Maar hoop op een wending van het economisch lot doet altijd leven.

Tijden veranderen en wij veranderen met de tijd. Maar het is helemaal niet zo dat de wereld zich gestaag en lineair in één richting ontwikkelt. Ontwikkelingen gaan altijd gepaard met hobbels, trends roepen tegentrends op, en zo is het leven nooit saai. Dachten we in Europa dat open binnengrenzen normaal waren, nu zien we dat overal weer bewaakte grenzen terugkeren. Dachten we in West-Europa dat vrede normaal was, na daar meer dan zeventig jaar lang aan gewend te zijn geraakt, nu hangt er oorlogsdreiging in de lucht. De oorlogen in Syrië, Irak, Jemen en Libië zijn dichter bij dan we eerst dachten, met als rode draad de radicale islam. In sommige landen die we bezochten zit oorlogsgevaar nog wel in het recente geheugen.

Zoals de Chinese filosoof Confucius ruim 1.500 jaar geleden al schreef: "Het is beter een mijl te reizen dan om duizend boeken te lezen." Van de zeven verhalen in deze bundel speelt een zich af in Europa (Letland), een in het Midden-Oosten (Israël), een in Noord-Afrika (Marokko), een in Azië (India) en drie vinden plaats in Zuid-Amerika (Cuba, Peru en Suriname). Natuurlijk geven onze reiservaringen geen volledig beeld van deze vijf regio's, maar dat is ook helemaal niet de bedoeling. Wat we hopen is dat de verhalen iets laten zien van wat er zich in deze landen afspeelt en dat ze misschien de lezer aanzetten om er zelf eens te gaan kijken. Reizen is een passie van ons beiden, en schrijven is dat ook. In deze zeven verhalen komen die passies bijeen. Net als onze liefde voor het moois dat mens en natuur hebben voortgebracht, voor kunsten en ambachten, en bovenal ook voor mensen. We hebben op onze reizen zóveel interessante en inspirerende exemplaren van die merkwaardige soort Homo Sapiens ontmoet, dat we ook daarvan verslag willen doen. En tot slot: als hondenliefhebbers verblijven we graag in hotelletjes met een hotelhond en de diverse honden die we ontmoetten spelen eveneens een rol in onze verhalen. Veel inspiratie!

Amsterdam, juni 2016
Adjiedj Bakas & Vinco David

CUBA LIBRE...
WHAT'S NEXT?

De overheid doet alsof ze salarissen betaalt, de mensen doen alsof ze werken. Volgens menig Cubaan is dit het adagium van communistisch Cuba. In december 2015 reizen we door deze heilstaat voor menig radicaal linkse romanticus. Voor A is het een weerzien met dit land na 25 jaar. In ruim 10 uur ben je er tegenwoordig, rechtstreeks met de KLM. Onze nationale trots vliegt weliswaar met antieke toestellen op de route, maar de purser verontschuldigt zich daar netjes voor, na ons enkele rum-adviezen te hebben gegeven (waar wij vervolgens niets mee doen). V ontmoet aan boord een klant die de Cubanen scheepjes probeert te slijten. Toch handig, zo'n nationale luchtvaartmaatschappij.

Tot de revolutie van 1959 was Cuba het bordeel en het casino van de Verenigde Staten. Dikke kans dat het nu weer zoiets gaat worden, en wel om twee redenen. Jonge Cubanen gaan voor een tientje van bil met toeristen, aldus een welingelichte kennis uit Amsterdam-West, en menigeen hosselt er zo een maandinkomen bij dat vergelijkbaar is met dat van een arts. Casino's zijn er nog niet, maar, en daar komt de tweede reden, nu Cuba en Amerika de strijdbijl hebben begraven, zouden die er best eens kunnen terugkeren. Hoewel Amerikaanse toeristen vooralsnog niet welkom zijn, zijn er al enkele rechtstreekse chartervluchten vanuit de US of A. En ondernemende Amerikanen (en dat zijn er een hoop) verzinnen allerlei listen om toch het land binnen te komen. Een Amerikaanse gast aan de ontbijttafel van ons verblijf in Havana is hier om een juristenconferentie bij te wonen. De New Yorkse civiel ingenieur Ken moet een artikel schrijven over de renovatie van koloniaal Havana (zonder ook maar een woord Spaans te spreken, zo vertrouwt hij V op een wandeltocht toe). Een docente uit Atlanta, die we eveneens bij het ontbijt ontmoeten, bereidt een studentenreis voor, terwijl het maar de vraag is of die er ooit zal komen. En allemaal kijken ze uit naar hun vrije dagen hier. Met een nieuwe Amerikaanse invasie zal Cuba veel van zijn charme verliezen. Maar of, alles afwegende, de bevolking dat erg vindt..?

Veel burgers beginnen nu zogeheten casas particulares en in de wijk Vedado logeren ook wij in zo'n Bed & Breadfast. In Vedado staan een hoop villa's met een hoog suikertaartgehalte, afgewisseld met betonnen flats van na de revolutie. Onze gastheer exploiteert in een dergelijk flatgebouw twee appartementen, elk met vier grote kamers. Zelf woont hij elders. Het particuliere restaurantje om de hoek, op de elfde verdieping van een andere woontoren, serveert prima zeevruchten, gevangen met een collectieve vissersboot. Kreeft staat in Cuba vaker op het menu dan biefstuk, dus liefhebbers hiervan kunnen hun hart ophalen. Particuliere restaurants zijn sinds een paar jaar weliswaar weer toegestaan, maar worden flink aan banden gelegd door de overheid. Zo mogen ze maar een beperkt aantal klanten bedienen en is er geen horecagroothandel, dus de koks moeten hun ingrediënten gewoon op de markt en in de winkels halen en daar is het aanbod uiterst beperkt. Zo zijn nergens kruiden te krijgen, maar liggen er wel overal stapels pakken spaghetti. Waarschijnlijk heeft de nationale deegwarenfabriek zijn van staatswege opgelegde productiequotum ruim overtroffen. Sinds de val van de Sovjet-Unie krijgt Cuba minder geld uit Rusland en sinds de val van de olieprijs komt er geen olie meer op goedkoop krediet uit Venezuela, dus mensen moeten alle zeilen bijzetten om de eindjes aan elkaar te knopen, vandaar dit hosselen.

De oude banden met de VS zijn ondertussen nog volop zichtbaar in het straatbeeld, net als de warme banden met de Sovjet-Unie. Het Cubaanse wagenpark bestaat voor een derde uit Amerikaanse hoerensloepen uit de jaren vijftig van de vorige eeuw, waarvan vele nu dienst doen als taxi. Eveneens een derde bestaat uit bejaarde Lada's, Moskvitchen en andere voormalige Comecon-voertuigen (voor de jongere lezers: de Comecon was de EU van de communistische landen). Het laatste driedeel wordt gevormd door nieuwe auto's uit Oost-Azië, al zien we ook een enkele gloednieuwe BMW7 op de weg. Als trouwe klanten van de Beierse automobielfabriek voelen we ons weer heel even thuis. De Amerikaanse oldtimers zijn vaak geschilderd in een vrolijke kleur, maar stoten wel veel uitlaatgassen uit. Roetfilters bestonden vroeger immers niet. Nu trouwens nog steeds niet, zo lijkt het, want veel van die oude koekblikken rijden tegenwoordig rond met meer recente dieselmotoren, overgeheveld uit Mercedessen of Japanse auto's. Maar bij het omkatten zijn de filters blijkbaar zoekgeraakt of zo. Zou er geen elektromotor in kunnen?, zo vragen wij ons af. Al heb je dan natuurlijk wel weer oplaadpunten nodig… Enfin.

Met een cabrio door de stad toeren is gewild bij toeristen en verschillende oude Amerikaanse bakken zijn hiervoor per uur te huur, inclusief chauffeur. Wij kiezen een limoenkleurige met open kap, zodat we kunnen fotograferen. Wel goed onderhandelen, want, zoals overal elders op de wereld, tillen de taxichauffeurs je waar je bij staat en Uber kennen ze hier natuurlijk niet. Maar ons tochtje naar de overkant van de haven biedt een weids uitzicht over de stad en we krijgen *en passant* ook nog de strijdbaar opgestelde Russische MiG-straaljagers en wat ballistiek te zien, die in de jaren zestig zorgden voor de Cuba-crisis die destijds bijna tot een Amerikaans-Russisch gewapend treffen leidde. Prima wegen trouwens, daar in en rond Havana. Het leger moet zich tenslotte snel kunnen verplaatsen, voor het geval de verwachte Amerikaanse invasie opeens niet uit toeristen blijkt te bestaan.

Niet alleen de wegen zijn mobiliseerbaar, zo leren we tijdens een afspraak met de Nederlandse ambassadeur. Maar liefst 30 procent van de Cubaanse bedrijven is in handen van het leger. Zo houdt de strijdmacht zijn eigen broek op (hoewel ze nauwelijks efficiënter werken dan de reguliere staatsbedrijven). Dat zie je overigens ook in Vietnam en Egypte. De ambassadeur vertelt ons ook dat de huidige vicepresident in 2017 president zal worden, zo is de verwachting. Hoeveel macht de Castro's werkelijk aan deze 'kroonprins' zullen delegeren is echter ongewis. Niemand kent de goede man overigens, als je er in de straat naar vraagt. Economisch veel te makken heeft Cuba verder niet, maar het land biedt wel veel potentieel, een reden waarom ook Nederlandse bedrijven hier op handelsmissies naartoe komen. Zo zou Heineken kunnen proberen de Cubanen van de rum aan het bier te krijgen en er is natuurlijk ook een reden dat we in het vliegtuig hierheen een scheepsbouwer zijn tegengekomen. Maar de economische topsector Food&Agri ziet Cuba voorlopig nog meer als een land voor ontwikkelingsprojecten dan voor zaken, vertelt de ambassadeur. Van de achttien personeelsleden op de ambassade zijn er overigens maar zes Nederlanders. De rest zijn lokalo's, want die zijn veel goedkoper, en lang niet allemaal zijn ze diplomatiek geschoold. Zo was de dame van de economische afdeling hiervoor veearts in de dierentuin van Havana. Ze spreekt een sprankelend Engels en is eerlijk waarom ze voor de Hollanders is gaan werken: de poen.

Habana Vieja, Oud-Havana, is een aaneenschakeling van schattige koloniale en vroeg twintigste-eeuwse gebouwen met hier en daar een rotte kies of een geheel uitgevallen tand. Een lekkere kluif voor projectontwikkelaars, bouwers en conceptdenkers, als er tenminste meer geld beschikbaar komt. Gelukkig bezit de lokale gemeentelijke monumentendienst een restaurantketen voor toeristen (net als bij het leger dus een wat branchevreemde activiteit) die genoeg oplevert voor een gestage restauratie van de belangrijkste panden. Zo lunchen wij in een loggia aan het in oude staat teruggebrachte

Plaza Vieja. De zon weerkaatst op de geboende en van nieuwe stenen voorziene gevels. Overal horen we livemuziek, zeker 's avonds in restaurants. Dat hebben ze liever dan muziek uit blik, en terecht. Uit alle hoeken swingt de salsa. Het eten is behoorlijk en betaalbaar, maar het overgrote deel van de Cubanen kan het zich niet veroorloven. Wij geven toch al gemakkelijk een Cubaans weekloon uit aan een maaltijd. Eieren zijn schaars, dus ons eerste ontbijt is ei-vrij. Voor een Nederlandse kippenboer moet hier een markt liggen, mits hij de hele keten, van kippenvoer tot eiersorteermachines, beheerst, anders komt er zo een kink in de bureaucratische kabel. En hij moet goed weten welke militairen er zakelijk belang bij hebben. Het voordeel van casas particulares, waar alle gasten samen aan een tafel ontbijten, is dat je de meest uiteenlopende mensen leert kennen. In de meeste hotels spreek je de andere gasten niet aan, in deze kleine, intieme logeergelegenheden is het de norm dat je met elkaar praat. Het is overigens opvallend dat het vaak 'academisch misvormden' zijn die dit soort logeergelegenheden verkiezen. Alleen al bij ons eerste ontbijtje ontmoeten we dus al drie juristen.

In de wijk Vedado bevindt zich ook de synagoge, die we op het heetst van de dag bezoeken. Het is de laatste dag Chanoeka, het Joodse inwijdingsfeest van de tempel met zijn lichtjes. De sjoel is een Sovjetachtig, betonnen gebouw uit de jaren zestig (dat was toen mode in Cuba). De deur is open en we gaan naar binnen, de koelte trekt ons verder het gebouw in. In de zaal staat een groepje mensen en we vragen hun iets te vertellen over de synagoge. Het gebouw is inmiddels te groot voor de gemeenschap. Er wonen nog zo'n 1.500 Joden in Cuba, de rest is geëmigreerd of volledig opgelost in de rest van de bevolking. Er is nog wel twee keer per week dienst. En zoals er een sjoel is zonder Joden, heeft Havana ook een Chinatown zonder Chinezen. De meeste van de 100.000 Chinezen die Cuba ooit telde zijn na de Tweede Wereldoorlog vertrokken. Toen Castro aan de macht kwam besloot ook een deel van de achterblijvers dat het mooi was geweest. Heel af en toe zie je nog een Cubaan met Chinese gelaatstrekken.

We zijn op zoek naar goede moderne kunst en een bepaalde galerie spreekt ons door de etalage aan, maar is helaas dicht. Volgens de buren zijn ze na de opening nooit meer open gegaan. Jammer. Een zoektocht op internet levert later op dat er wel degelijk een paar goede galeries zijn, alleen liggen die niet op logische plekken. Er zijn goede Cubaanse kunstenaars. Sommige wonen hier al sinds hun geboorte, andere wonen in de Verenigde Staten maar exposeren hier en weer andere zijn na een verblijf in Amerika geremigreerd. Ook het museum voor moderne Cubaanse kunst is zeer de moeite waard. Het museum huist zowel tijdelijke en vaste tentoonstellingen van schilders die hun vak beheersen, zoals de twintigste-eeuwers Victor Garcia en Wilfredo Lam. Maar een reiziger leeft niet bij kunst alleen. Bij terugkomst blijkt ons casa particular eieren te hebben gevonden en meteen voor een weeshuis te hebben ingeslagen. De volgende dagen is het ei, ei, ei, wat de ontbijtklok slaat.

Intermezzo: de monetaire verhoudingen

Een van de ontbijtgasten (die van de voorziene studiereis als smoes) klaagt dat pinnen onmogelijk is voor Amerikanen en dat ze zonder cash nergens terecht kunnen. Amerikaanse creditcards worden niet geaccepteerd en als je contante dollars wilt wisselen, betaal je 10 procent anti-Amerika-opslag. Met een Europese creditcard, als die tenminste van Visa is, kan je wel geld bij een wisselkantoor opnemen. Maar het devies is: neem contante euro's mee. Gelukkig wisten we dat van tevoren. Als je euro's wisselt, ontvang je zogeheten CUC's, de speciale munt voor buitenlanders. In een CUC gaan 25 Cubaanse peso's. De parallelle munten trekken wel de economie scheef. In lokale munt kost een taxi een fractie van wat de toerist in CUC's betaalt. Zo af en toe scoren we als wisselgeld enkele lokale peso's en betalen we wat als lokalo's.

Een taxirit van een dik uur voert ons naar onze volgende bestemming: Las Terrazas. Het ligt in een natuurreservaat met een uniek ecosysteem. Al voordat Castro aan de macht kwam, waren alle bossen hier gekapt, eerst door de Spanjaarden voor de bouw van hun galjoenen, daarna door de koffieplanters en tot slot door de Amerikanen ten behoeve van hun meubelindustrie. Zo'n veertig jaar geleden kocht de regering de huizen van de dorpelingen in Las Terrazas op. Ze mochten de rest van hun leven gratis wonen, maar moesten in ruil zorg dragen voor de herbebossing. Nu is alles weer groen, met koningspalmen die uitsteken boven een woud van allerlei andere bomen. V trekt er met een gids doorheen en steekt het een en ander op. Zo zijn de besjes van de koningspalm zeer geschikt als varkensvoer: het geeft hun vlees een notige smaak, vergelijkbaar met wat de eikeltjes doen voor de *jamon iberico*. En als je een paar minuten stilstaat, komt de vliegende fauna voorzichtig tevoorschijn, van groenblauwe kolibrietjes tot de veelgeprezen tocororo. De lof voor deze vogel stoelt op het feit dat zijn verendek dezelfde kleuren heeft als de Cubaanse vlag: rood, wit en blauw. Misschien ook iets voor Nederland? Ook zijn er krekels in alle soorten en maten. *Sieksiejoeroes*, zesuurtjes, worden die in Suriname genoemd, omdat ze om zes uur 's avond beginnen te tjirpen.

Boven het woud zijn kabels gespannen, 800 meter in een zestal aaneengesloten trajecten. Hangend in een tuigje scheren we zo over bladerdek en beek. Door de vele regen in deze streek is het het hele jaar bijzonder groen. Weer met alle vier de benen op de grond hebben we opeens zin in het hotelzwembad. Daar geven twee Duitse dames op leeftijd V in een Engels dat ze lijken te hebben opgepikt uit de televisieserie *Allo, Allo* te kennen dat de door hen behanddoekte stoelen inderdaad en uitdrukkelijk hun toebehoren. Alsof we überhaupt bij ze in de buurt hadden willen plaatsnemen! Ze zijn verbijsterd als V ze in vloeiend Duits van repliek dient. Het hotel is in staatshanden. Dat is te merken. Aan de receptie vijlen ze liever hun nagels dan ons te helpen. Maar het uitzicht over het woud doet ons de behoefte aan onze namiddagse mojito vergeten. Daar hebben staatshotels een handje van: de beste locaties inpikken. In het Indiase Kerala mochten we ook al eens van een verbluffend staatsuitzicht over zee profiteren. Groenmoe schaft A zich in het hotel een uur toegang tot internet aan, maar soms valt het net uit. *Digital detox* dus. Het combootje bij het avondeten maakt gelukkig een hoop goed. Net als in Havana leeft hier muzikaal talent. Toeristen geven fooi en kopen cd's. We horen dat de muzikanten er redelijk van kunnen leven. Maar of die cd's thuis ooit nog gedraaid worden in deze tijd van Spotify? Oude dames (niet die van de handdoeken) flirten met de bandleden en doen houterig een dansje salsa of *son*, Cuba's nationale dans, die verwant is aan salsa. De muzikanten flirten professioneel terug. Zij weten waar hun geldelijke belangen liggen.

In de stromende regen vertrekken we de volgende dag per taxi naar Cienfuegos, aan de zuidkust. *Lonely Planet* steekt de loftrompet over deze stad wegens haar rijke neoklassieke bouwkunst. Daarom hebben we er voor drie nachten geboekt. Maar in een paar uur hebben we alle bouwkundige parels wel gezien. Onze casa-eigenaar in Havana had ons al gewaarschuwd. Neemt niet weg dat er toch nog het een en ander aan bezienswaardigheden staat. Zo is het Palacio Valle, een paleisje in het puntje van Punta Gorda, een buitenwijk die als een kaap in zee steekt, een verrassende ontdekking. Tot in het extreme eclectisch: we lopen van een Moorse spijszaal via een barokke hal naar een salon in renaissancestijl. Het trappenhuis heeft iets neogotisch, wat we zeer geschikt vinden voor een trappenhuis aan de Cubaanse zuidkust. Zonde alleen van het witte spaarlamplicht in de Venetiaanse kroonluchters. Dat is niet bepaald romantisch tafelen. Verder is de stadsschouwburg, vernoemd naar de reeds lang overleden weldoener Terry, een bezichtiging waard. Late neoklassiek met wat elementen van vroege art nouveau. Een harmonieus geheel en de afbladderende verf verleent het extra charme. Er vinden video-opnamen plaats, dus we worden voortijdig weggejaagd. Interne communicatie in Cuba is een dingetje. De kaartverkoopster die toeristen het theater inlaat weet niet dat de videoploeg de mensen er weer direct weer uitjaagt. Na protest krijgen we onze CUCs terug.

De eigenares van ons casa particular is rondborstig en kust ons bij aankomst meteen op de wang. De kamer heeft uitzicht op zee, maar het slaapt wat onrustig door de nabijheid van een feesttent. We hebben het aan het ontbijt gezellig met een Beierse bankier en zijn vrouw, die in de ouderenzorg werkt. Ze komen uit München, spreken geen Spaans, weinig Engels, maar toeren hier vrolijk rond in hun huurauto. Ze klagen over Angela Merkel die zich Moeder Teresa voelt en een vloed van Syriërs het land inlaat. Maar Duitsers zijn gezagsgetrouw en schuldgevoel is er na de oorlog ingeramd, dus een opstand tegen Merkel zit er niet in. Zoals Karl Marx al zei: een Duitser gooit pas een bom op een trein, nadat hij een perronkaartje en treinkaartje heeft gekocht. We korten onze logeerpartij van drie nachten in naar een en gaan de volgende ochtend per taxi op weg naar Trinidad.

Dit Unesco-stadje aan de zuidkust bloeit door het toerisme. We verblijven in een casa particular aan de hoofdstraat, die de grens vormt tussen de oude en de nieuwe stad. De 64-jarige Javier en zijn 50-jarige vrouw runnen het etablissement. Het huis erfden ze van Javiers moeder. Ze bewonen een deel en verhuren 2 kamers aan toeristen. Maar Javier beheert ook nog 17 toeristenkamers van andere eigenaren. Hij heeft het er maar druk mee. Het casa heeft ook een hotelhond, Negrita, acht maanden jong en met een speelsheid die past bij haar leeftijd. Soms is ze zelfs een beetje te speels en gooit ze de vuilnisemmers om of grist ze worst weg uit de keuken. Haar opvoeding is verre van voltooid en als gelegenheidsoplossing ligt ze vaak aan de ketting. Als we met haar willen spelen, wordt ze losgemaakt. Uit dankbaarheid krijgen we een flinke lik en een stevige beet in de hand. Wanneer ze iets te geestdriftig haar gebit in V's hand zet, geeft hij haar een tik op de neus. Dat helpt en we kunnen letselloos doorspelen.

De huisbaas regelt een masseur voor A, David, die aan de overkant van het casa praktijk houdt. Hij is 44, opgeleid als jurist, maar na 5 jaar als advocaat gewerkt te hebben, heeft hij zich laten omscholen tot masseur en tai-chi-leraar. Dat verdient beter. Hij komt uit Santa Clara, een stad hier twee uur rijden vandaan. Zijn vrouw is zangeres in een bandje dat speelt in restaurants. De kinderen worden door Davids schoonmoeder opgevoed in Santa Clara, waar de ouders iedere twee weken heen gaan. In Havana viel ook al op hoeveel academici in de toeristensector zijn terechtgekomen. Onze taxichauffeur naar Las Terrazas was ingenieur, die voorbestemd was om te gaan werken aan de metro die de Russen in Havana zouden aanleggen. (Er zou – dit terzijde – trouwens ook een Sovjet-kerncentrale komen). Na de ineenstorting van de Sovjet Unie kwam daar niets van terecht. Maar als taxichauffeur verdient hij nu meer dan hij ooit als ingenieur verdiende. En dat geldt ook voor obers, ambassademedewerksters en anderen. Het onderwijs is hier trouwens goed, maar 2 procent van de bevolking is analfabeet. Kom daar in andere Zuid-Amerikaanse landen maar eens om. Overal zie je dan ook Cubanen boeken lezen. Maar er zijn wel erg veel hoogopgeleiden.

Het oude centrum van Trinidad is een plaatje van een eeuw geleden. Rijen vrolijk gekleurde huisjes aan straten die met keien zijn geplaveid. Het staat authentiek, maar loopt wel wat moeilijk. Vervoer gaat hier vaak nog te paard. Van alle huizen staan de ramen open en je kijkt zo bij de luierende of kletsende mensen naar binnen. Iedereen groet vriendelijk. We voelen ons hier welkom, ook al wordt zo af en toe gebedeld: meisjes die snoepjes willen, een enkele volwassene die bedelt voor onderhoud van zijn huis. Gek, zo'n trots volk, dat decennialang het machtige Amerika weerstond, en dan bedelen. Aan een plantsoen met smeedijzeren bankjes en groenwit geglazuurde kruiken op de hoeken staat de kathedraal. Van buiten strakke, gele gevel, binnen neogotisch houten altaar met aan de voet een doos voor afgedankte kleren voor de armen.

Niet alleen God wordt hier aanbeden, maar ook Che Guevara. We vragen ons eerst af waarom. De man bekokstoofde menig burgeroorlog in Zuid-Amerika, zoals in Peru en Colombia, met talloze slachtoffers tot gevolg. We zijn geen communisten, maar als je leest hoe het hier pre-Castro toeging, begrijp je wel dat er iets moest gebeuren. Amerika had het eiland, dat als een vliegdekschip voor Florida ligt, in de houdgreep, dat maakte het exploiteren gemakkelijker. Dictator Batista onderhield voorts innige banden met de Amerikaanse maffia en onderdrukte de bevolking met gewapende bendes. Dus dat zag Che, strijdmakker van de gebroeders Castro, goed. En bovendien ging de opstand tegen Batista zonder al te veel burgerslachtoffers gepaard. Maar dit terzijde.

In Trinidad zijn veel antieke meubels, kroonluchters, glas- en serviewerk bewaard gebleven en van zolders gehaald. We eten wederom kreeft, in een voormalige apothekerswoning, omgekat tot een restaurantje met antiek van voor de revolutie. Er zijn nog meer restaurantjes in koloniale huizen, antiek gemeubileerd. Liefhebbers van overgrootmoeders eet- en drinkgerei komen zo ruim aan hun trekken. Jong restaurantpersoneel begint al om acht uur 's ochtends het kristal en zilver op te poetsen, alsof het in de etalage moet, en dat is in zekere zin ook het geval. Bavaria-bier is in deze stad zeer aanwezig. *Brabant rules*, zoals op de trappen naast de kathedraal waar een openluchtbar en –dansvloer is ingericht, elke avond druk bezocht door zowel Trinidadianen als toeristen. Op het salsaritme van de band danst een bejaarde neger soepel met steeds weer een andere jonge vrouw die hij van de trappen lokt. Het stadsmuseum is gevestigd in een oud paleisje. We beklimmen de toren, vanwaar we wijds uitzicht hebben over stad, land en zee. Schommelstoelen in alle soorten zijn hier bijzonder populair. In Suriname worden die 'hobbelstoelen' genoemd en A hobbelt er flink op los.

Etniciteit is belangrijk hier, net als in de rest van Zuid-Amerika. De negers, 10 procent van de bevolking, staan onderin de hiërarchie, de blanken bovenaan en de mulatten er tussenin. Om hogerop te komen is het dus zaak dat je kinderen een tintje lichter worden. *Opo joe kleur*, verhef je kleur, zeggen ze in Suriname en in heel Midden en Zuid-Amerika is dat zo. Mulatten, ook wel 'rode negers' genoemd, kijken vervolgens weer neer op gewone negers. Jammer, maar helaas. Aardig feitje: Batista was een mulat, de Castro's, Che Guevara en vrijwel het hele leiderschap van de communistische partij zijn/ waren wit. Maar hier heerst geen postkoloniale woede en de gemengde cultuur die de Spanjaarden stichtten is vrolijk. Muziek en dans verbroederen. De Afrikaanse invloeden hierop zijn groot. Het swingt.

Met een treintje kan je het dal ten noorden van Trinidad in, naar de suikerplantages Iznaga en Guachinango. Iznaga heeft een hoge toren van waaruit slaven in de gaten werden gehouden. De planterswoning in beide oorden doen tegenwoordig dienst als restaurant. In Guachinango krijgen we voor de lunch verse kip, terwijl tegelijkertijd kippen tussen de tafels scharrelen. Die eten ook de kipresten op die de gasten de tuin in gooien – een soort kannibalisme dus – voor zover ze nog niet door de honden zijn opgevreten. Eén hond achtervolgt een nog levende kip die iets te dichtbij komt. Een klein hondje wordt eveneens weggejaagd. A schenkt hem zijn kipresten en jaagt de belager weg, een voorbeeld dat gevolgd wordt door meer toeristen. 's Avonds eten we in restaurant La Ceiba, gebouwd rondom een reuzenboom (in Suriname noemen ze die *kankantrie*) waaronder indertijd de eerste mis in Trinidad werd opgedragen. Het eten is goed, maar de bediening is rampzalig en er kan geen lachje vanaf. Dat is een kunst in Cuba. Dit restaurant is te snel gegroeid en richt zich teveel op georganiseerde groepen. Vanaf Trinidad voert een weg vol gaten en haarspeldbochten ons de bergen in, de Topes Collantes. V maakt er – ditmaal zonder gids, de paden zijn bij uitzondering goed gemarkeerd – een steile tocht door subtropisch bos en langs rotsen, eindigend bij de ruim 60 meter diepe Caburní-waterval. Het stortwater heeft in de rotsbodem een holte uitgespaard, waarin het verfrissend duiken is.

Ancon is een badplaatsje, 20 minuten buiten Trinidad. Er staan twee *all inclusive*-hotels en verder is er een breed openbaar strand, omzoomd door schaduwrijke amandelbomen. Kleine ondernemers *schleppen* hamburgers, water, broodjes en jonge kokosnoten naar de badgasten. Terug in Trinidad bezoeken we Carlos Mata, een schilder die volgens onze huisbaas beroemd is. Mooi werk, en hij hosselt erbij door kamers aan toeristen te verhuren en antieke platenspelers en klokken te repareren. Zijn mysterieuze nachtschilderingen zijn intrigerend, doch erg aan de prijs. Dat komt door de Amerikanen die zijn atelier in groepen bezoeken. Die hebben weinig vakantie en veel geld en het reisbudget wordt dan in korte tijd stevig stukgeslagen. Nederlanders hebben zowel tijd als geld en spreiden hun vakantie-uitgaven dus meer. Cultuurverschil.

Migratie is ook hier een issue. We ontmoeten een geremigreerde Cubaan die vijftien jaar in Amsterdam heeft gewoond, er als IT'er prima boerde, maar nu terug is. Zonder noemenswaardige horeca-ervaring verbouwde hij zijn ouderlijk huis in het stadscentrum tot restaurant en binnen twee maanden bracht hij het op reizigersblog TripAdvisor qua prijs-kwaliteit tot het beste restaurant van Trinidad. Hij investeert stevig in de scholing van zijn personeel, maar het behouden van mensen is een hele kluif hier. Trouw zijn aan de werkgever is hier een schaars fenomeen en onze huisbaas verslijt zuchtend een werkster per maand. De remigrant doet het opgewekt en ziet wel waar het schip strandt. Als IT'er is het wel lastig om zonder internet te leven. Met veel moeite heeft hij zelf een internetverbinding aangelegd om met zijn achtjarige zoontje in Nederland te mailen. Skypen kan niet. Zijn mojito's behoren ondertussen tot de beste die we hebben gedronken en ook zijn wijnaanbod is prima. Hij verhaalt over zijn aanvaringen met douaniers en ander tuig: "Ze laten de wijn soms dagen of weken op de kade staan, omdat ze een inklaringsprobleempje hebben bedacht, en dan is je wijn *kaputt*. Ik moet de wijn soms voor de poorten van de hel wegslepen." Toch heeft hij geen spijt van zijn remigratie. Zijn restaurant la Redacción zit vol. Hij verdient minder dan in Nederland, maar is jong en geniet ook van zijn blije ouders die hun zoon weer dagelijks zien. Pa en ma, pensionado's, helpen wat onwennig mee. Masseur David emigreerde ooit ook, naar Canada. Hij had kennis gekregen aan een twaalf jaar oudere Canadese verpleegster. Zij bliefde een toyboy, hij wilde het Westen zien, en zo sloten ze een liefdeloos huwelijk. In de drie maanden dat hij in een dorpje in de Canadese provincie Quebec woonde was hij diep ongelukkig. Hij kon er niet werken (masseurs vinden doorgaans werk in steden of toeristencentra) en niet aarden. Toen verder nog bleek dat zijn vrouw er een wietplantage in de tuin op nahield en permanent stoned was, vluchtte hij terug naar

Cuba, een ervaring rijker. Nu het economisch weer beter gaat met Cuba is de behoefte om te vertrekken verminderd. De tijden van bootvluchtelingen zijn voorbij. Maar zoals in zoveel ontwikkelingslanden leveren emigranten die hier op vakantie komen, en die hun welvaart opzichtig etaleren, scheve ogen op. Of ze echt zo rijk en succesvol zijn als ze zich voordoen is de vraag, maar met bling-bling omhangen paraderen ze door de straten. Dat je hier gewoon op straat juwelen en horloges kan dragen zegt trouwens ook iets over de veiligheid, zo radicaal anders dan de rest van het continent. Dat moet je in Brazilië niet proberen! Een politiestaat heeft zo zijn voordelen.

Guanabo is het Zandvoort van Havana, de badplaats voor de hoofdstedelingen en de plaats waar we onze laatste dagen in Cuba doorbrengen. Een mooi strand, dat helaas wat afgekalfd is door de vele orkanen. Extra strand opspuiten dus, zoals in Nederland geregeld gebeurt, maar waarvoor hier geen geld is. Er zijn veel bungalows waar je een kamer kunt huren. Wij houden van ruimte en huren een heel huis met zwembad via Wildcaribe.com, de regionale concurrent van Airbnb. Zeer geschikt voor vakantiehuizen in deze streken. Melquíades, de eigenaar, woont in Havana. Dit is het buitenhuis van zijn familie. Ze behoren tot de welvarender Cubanen en de rust van rijkdom hangt om hen heen, zonder opzichtig te zijn. Zo rijden ze gewoon in een aftandse Lada. Hoewel je gewoon met je juweeltjes over straat kunt paraderen, is het niet gepast om je rijkdom te tonen en de stille rijkaards gebruiken hun centjes dus om naar het buitenland te reizen. Sinds een paar jaar mogen Cubanen vrij reizen. Hoe je hier vermogen opbouwt? Vooral door huizen te bezitten (vaak geërfd) en toeristisch uit te baten. De buurman houdt een oogje in het zeil en biedt aan dat zijn vrouw ontbijt voor ons maakt. Zo hosselen ze er wat bij en wij vinden het na de eerste keer boodschappen doen een uitkomst. Pas in een communistisch land als dit mis je Albert Heijn en Jumbo. Bij een straatverkoper scharrelen we wat tomaten bij elkaar, bij een winkeltje een brood, bij een ander winkeltje wat ham (of beter: samengedrukt gepekeld slachtafval), bij een derde winkeltje een blikje tonijn (die verkooppunten noemen zichzelf trouwens allemaal *supermercado*) en op het tankstation een eind verderop blijken ze warempel theezakjes te hebben. We zijn er algauw twee uur zoet mee. En natuurlijk zijn eieren weer nergens te krijgen. Een schaarste-economie, beste mensen.

Maar in de jaren negentig van de vorige eeuw was het nog erger. Cuba maakte toen de 'Bijzondere Periode' door. Zoals gezegd kapte de grote sponsor in Moskou ermee, Washington bleef vijandig en er zat niets anders op dan de broekriem aan te halen. Cubanen vielen in dat decennium gemiddeld 30 procent af van de honger. Duizenden vluchtten op gammele bootjes naar het nabijgelegen Florida. Het Venezuela van de inmiddels overleden Hugo Chávez schoot aan het begin van de eeuw te hulp. Maar ook dat is tegenwoordig dus over. Gelukkig is er nu het toerisme en een dooi in de betrekkingen met de Verenigde Staten, die Cuba in het verleden juist overal dwarsboomden. Langzaam keert het tij. En met enig geduld en doorzettingsvermogen biedt het land prachtkansen voor investeerders die in lange termijnen denken.

De huisbaas legt het communistische distributiesysteem haarfijn uit. "Iedere week komt een hoeveelheid eieren, shampoo en ander nuttigs beschikbaar, door eigen productie of import. De Staat verdeelt dat onder de provincies. Iedere provinciehoofdstad bepaalt dan hoeveel spullen de rest van de provincie krijgt. Net als in Nederland zijn provinciehoofdsteden niet altijd de plek waar de grootste behoefte is. Zo zijn in Zandvoort meer strandstoelen nodig dan in hoofdstad Haarlem. Maar in Cuba denkt de provinciehoofdstad eerst aan zichzelf als het aanbod beperkt is (en dat is het doorgaans). De chef shampoo in provinciehoofdstad Sancti Espiritus (voor de latinisten onder ons is dit natuurlijk een vermakelijke naam voor een land dat officieel het atheïsme omarmt; de naam Trinidad – heilige drie-eenheid – is in dit verband trouwens bijna net zo grappig) verdeelt de shampoo naar rato van het aantal inwoners van de onder de provincie vallende gemeenten, waarbij het rantsoen voor de provinciehoofdstad uiteraard naar boven wordt afgerond. Maar de chef shampoo houdt er geen rekening mee dat alle bezoekers in toeristenmagneet Trinidad ook wel eens hun haar willen wassen. En als de shampoo dan in Trinidad arriveert, slaat iedereen aan het hamsteren. Je weet immers nooit wanneer er weer zo'n buitenkansje is. Dat gaat ook zo met schrijfpapier en benzine en natuurlijk met eieren. Die ijskast vol eieren in ons in pension in Havana is nu ook een stuk begrijpelijker. De Cubanen blijven er blijmoedig onder en verzinnen van alles om het leven toch aangenaam te maken. Zo worden wasmachineonderdelen gebruikt om auto's te repareren. Je moet toch wat. En anders kun je altijd nog muziek maken en een dansje doen.

Guanabo heeft ook een heus homostrand, waar homoseksuele hoofdstedelingen en toeristen flaneren, zonnen en zwemmen. Enkele decennia geleden werden homo's nog in werkkampen op het platteland gestopt en dacht het regime ze nog te kunnen heropvoeden. Nu, dankzij de bescherming van de presidentsdochter, een onverwachte nichtenmoeder, is er een voorzichtige gayscene in Havana ontstaan en een groep juristen ijvert zelfs voor de invoering van het homohuwelijk. Dat zal de paus, die hier onlangs nog was, niet fijn vinden!

Tijden veranderen en Cuba verandert met de tijd. We nemen afscheid van een eiland met veel jonge mensen die hopen op een betere toekomst, een hybride vorm van de goede kanten van kapitalisme en communisme. De transitie zal niet gemakkelijk verlopen en de jeugd is ongeduldig. De regering wordt gezien als een schildpad die te traag de veranderingen toestaat. Maar de decennia van isolatie van het Westen hebben ook veel goeds gebracht. De Monsanto's van deze wereld hebben geen greep op de boeren gekregen. Honing smaakt hier zoals honing moet smaken, *muy rico*, afgestaan door bijen zonder antibiotica of suikerwater, in tegenstelling tot veel van onze honing. Zelfvoorziening leidde tot lokale uitvindingen die wellicht ooit de wereld veroveren. Van journalist Karel Hille horen we dat Cubaanse artsen een medicijn tegen kanker ontwikkelden, dat afgeleid is van schorpioenengif. En het gebrek aan internet maakt dat mensen elkaar nog versieren met een glimlach, dans of knipoog in dit Tinder-loze land. We nemen nog maar een mojito, van rum van Caney, de vroegere Bacardi-fabriek, volgens Cubanen een van de lekkerste rumsoorten die het land te bieden heeft. We proosten op de toekomst van de Cubanen. *Salud*!

SURINAME (RE)VISITED

Bij God en in Suriname is alles mogelijk. Surinamers roepen dit zinnetje altijd als je een verbaasmoment met ze deelt. Lief. Het is en blijft inderdaad een verbazingwekkend land. Loopt er een vrouwelijke toerist in niqaab, vermomd als pinguïn dus, door de snikhete Paramaribose straten, roept een baldadige jonge neger haar toe: "Hee meisje, doe je gordijnen eens open!" De synagoge en de moskee staan gebroederlijk naast elkaar. Is het ene gebouw dicht wegens renovatiewerkzaamheden (wat nogal eens voorkomt in dit vochtige tropenklimaat), dan schuiven de gelovigen gezellig aan bij de buren. Natuurlijk kunnen Surinamers ook best kibbelen over van alles en nog wat, om niet te zeggen dat ze kunnen kibbelen als de besten: over buitenvrouwen, over politiek ('Suriname heeft maar een natuurramp: politici'), over de buren en ander gespuis, maar van religieuze conflicten merk je niet zoveel. Gemengd trouwen en van religie veranderen is in de eenentwintigste eeuw veel minder een issue dan het vroeger was. Dit is een wat andere reis dan andere. A is hier geboren en woonde er tot zijn achttiende. V is er voor het eerst. Die wil zien waar manlief vandaan komt, hoe lang dat ook geleden is. A meent dat hij, als hij in Suriname was blijven wonen, nooit zo goed carrière had kunnen maken als in Nederland. Suriname houdt niet van mensen met een grote mond. En als je niet behoort tot de pakweg twintig families die hier de dienst uitmaken is een loopbaan ingewikkeld.

De luchthaven ligt een uur buiten hoofdstad Paramaribo. Tijdens de Tweede Wereldoorlog is deze aangelegd door de Amerikanen, veilig en ver weg, maar de lintbebouwing langs de weg van de stad naar het vliegveld zorgt ervoor dat je je er nu niet meer middenin de rimboe voelt. De luchthaven is heerlijk ouderwets, geen slurven, maar je loopt een vliegtuigtrap af en ruikt direct de typische Surinaamse lucht, zwanger van fruit- en aardegeuren. De bagageafhandeling is niet gerobotiseerd, maar de lokale sjouwers zorgen ervoor dat de koffers toch redelijk snel worden gelost en hun eigenaren bereiken. Zeker als je er rekening mee houdt dat de vluchten uit en naar Nederland ongeveer tegelijk arriveren en vertrekken, om efficiencyredenen, en dat het een drukte van belang is op het vliegveld. De lokale munt SRD (Surinaamse Dollar) kun je pinnen op de luchthaven. Maar omdat veel Surinamers liever euro's blieven dan de wankele eigen munt kan je met je Nederlandse pinpas op verschillende plekken ook euro's pinnen. Eigenlijk is hier sprake van een economie met meerdere parallelle munten, want ook de Amerikaanse dollar en de Braziliaanse real worden in menig winkel geaccepteerd.

Suriname verandert radicaal van bevolkingssamenstelling. De grootste groepen nieuwkomers zijn Chinezen en Brazilianen. Van oudsher woonden in Suriname al Chinezen, maar de 'nieuwe Chinezen' die pas de laatste jaren uit China kwamen, zijn anders en zeer zichtbaar. Paramaribo, waar vroeger iedereen uitrukte naar het centrum om boodschappen te doen, is de laatste decennia sterk gedecentraliseerd. Chinezen openden in iedere (buiten)wijk supermarkten waardoor je niet meer naar de kleurrijke en pittoreske Centrale Markt aan de Waterkant hoeft voor verse groenten, fruit, vis en vlees. Nederlanders wordt afgeraden zomaar rond te banjeren op deze markt, vanwege de vele zakkenrollers, maar als je goed oplet (het is hier niet anders dan in de rest van Zuid-Amerika) is het prima te doen. Voor de markt is een busstation voor de *wildebus*, de particuliere busjes die mensen van en naar de stad vervoeren. Paramaribo kent vrijwel geen hoogbouw, het kleine centrum loopt vloeiend over in buitenwijken en nog meer buitenwijken. De meeste zijn vroegere plantages die opgedoekt zijn, verkaveld en verkocht aan burgers die er huizen bouwden. Huis met tuin, dat is de norm hier, appartementencomplexen kent men niet. Wel heeft menig Surinamer in zijn huis een of meer mini-appartementjes aangelegd, voor verhuur aan toeristen, of (gast)arbeiders, veelal uit Brazilië. Via allerlei sites, zowel Airbnb als andere concullega's, kun je die huren. Steeds meer Surinaamse Nederlanders, hier *blakka bakra* genoemd, beleggen hun spaarcentjes hier door grond te kopen en een huis te bouwen. Dat verhuren ze, totdat ze na hun pensioen hierheen kunnen remigreren. Maar inbraken en ander ongemak door absenteïsme maken dergelijk bezit meer kopzorg dan pretje. De huizen van de remigranten hebben vaak een typisch Hollands uiterlijk, met hogere daken dan je doorgaans in Suriname ziet. Sommige remigranten komen al ver vóór hun pensioen. Sommigen vinden een nieuw bestaan, andere keren uiteindelijk toch weer terug naar Nederland. Een zo'n remigrant is P, een oude vriend van Adjiedj. Die woont nu in Commewijne, het overwegend door Javanen bevolkte district aan de overkant van de rivier waaraan Paramaribo ligt. Hij woont in een ruim huis met grote veranda vlakbij de rivier, en we nemen een duik in zijn zwembad. We toeren door Commewijne, zien het oude fort Nieuw Amsterdam, bekijken vervallen plantages en lunchen op de gerestaureerde plantage Frederiksoord, waar je ook kunt logeren. Op de plantage ernaast woonde ooit Soemintra's grootmoeder, maar van dat huis is helaas niets meer over.

De rode elite verliest zijn macht. Ex-advocaat en televisiegast Prem Radakishun is hier vaker op familiebezoek. Hij zegt dat de politiek en de bestuurlijke macht altijd in handen waren van de 'rode negers', de mulatten, die sterk op Nederland georiënteerd waren. "Maar de Chinezen en Brazilianen hebben de focus van Suriname veranderd. Azië wordt belangrijker en de regio ook. De Caricom, de EU van de Caraïbische landen, wordt belangrijker en Suriname kan in deze club waarvan het merendeel uit kleine eilandjes bestaat, een grotere rol spelen. Indiase bedrijven investeren hier, onder meer in de goudwinning. Nederland wordt steeds minder belangrijk." Toch is de Nederlandse ambassade hier een van de belangrijkste posten voor onze diplomatieke dienst. Maar in het centrum zie je inderdaad dat er naast Nederlandse zakelijke reizigers ook steeds meer Chinese, Indiase en Caraïbische gasten zijn. Ook Cubanen, want Cuba en Suriname doen goed zaken met elkaar. We spreken een Cubaanse arts die hier prima verdient en die blij is dat zijn regering hem even heeft uitgelaten.

Rainville in Paramaribo-Noord is de middenklasse wijk waar A opgroeide. Grenzend aan het stadscentrum is op deze oude plantage in de jaren zestig van de vorige eeuw een woonwijk gesticht. A's ouders, onderwijzers, kochten er een lapje grond, bouwen er een huis op palen, dat later werd uitgebreid met het belendende perceel (je kunt de grond van je buurman maar een keer kopen) en vergroting van het huis. Moeder Soemintra zwaait er opgewekt de scepter en verbouwt in haar tuin fruit en groenten. A's jongste zus, Sabina, woont bij haar. In het Suriname van nu gaan kinderen steeds minder vaak uit huis, tot op hun vijftigste kunnen ze nog bij hun ouders inwonen. Voor starters is de woningmarkt moeilijk, hypotheekrentes zijn hoog en huren is ook moeizaam, want door de huurbescherming willen veel huiseigenaren liever aan buitenlanders verhuren dan aan lokalo's. Soemintra's ouders waren boeren, zoals de meeste Surinaamse Hindoestanen. Suriname is het enige land ter wereld waar Indiase migranten en hun nazaten geen Indiërs worden genoemd, maar Hindoestanen. Na de afschaffing van de slavernij probeerde Nederland eerst Chinese en Javaanse arbeiders aan te trekken voor het plantagewerk (de negers wilden dat niet meer doen en trokken naar de stad), hetgeen maar matig lukte. De Indiërs daarentegen kwamen in rotjes van tien en de meesten bleven er ook wonen. A's overgrootmoeder kwam uit India hierheen, als alleenstaande moeder, en wist hier met succes een nieuw bestaan op te bouwen. A woonde hier tot zijn achttiende om daarna fluks naar Nederland te vertrekken. Soemintra is en blijft een boerendochter, maar reist ook graag en veel. Helaas nu wat minder omdat haar korte termijn geheugen wat achteruit gaat en ze zich onzeker voelt onderweg. A zoekt haar nu jaarlijks op en sinds ze Skype heeft ontdekt geniet ze ook daarvan. Een Ipad doet wonderen op het gebied van communicatie in deze tijd. Ze is gek op de tuin en kan over elke plant wel wat opmerkelijks vertellen. Suriname kent veel planten en kruiden met een medicinale werking, die in het buitenland nauwelijks bekend zijn. Maar Cedric, A's beste vriend, zegt dat daar ook veel gevaarlijks tussen zit. "Het wemelt hier van de giftige bloemen en planten, en menigeen helpt een echtgenoot om zeep door gifplanten in het eten te stoppen. Mensen zijn niet allemaal zo vriendelijk als het lijkt. Niet iedere *smile* is echt. Als mensen hun tanden ontbloten betekent dat nog niet dat ze lachen."

Op pad met Soemintra. Per boot en auto trekken we met Soemintra door haar verleden. De plantage langs de Commewijnerivier waar haar moeder werkte en Javaans leerde spreken van de Javaanse buren. Nickerie, het westelijke (rijst)district waar ze een paar jaar woonde en waar A geboren werd. Vergeten familieleden die puzzelstukjes aandragen. Ze is bezig de familiegeschiedenis, voor zover ze die kan traceren, te boek te stellen voor haar nageslacht. Zoals veel senioren in Nederland nu ook doen. Mooi. Nickerie kent een hoog zelfmoordpercentage. Veel mensen zijn er ongelukkig, maar geloven in reïncarnatie. Als je zelfmoord pleegt kan je dan opnieuw beginnen. Soemintra vindt dat onzin. "Als je reïncarneert als kip of koe beland je ook weer in de pan. Je moet hier en nu wat van je leven maken." In Suriname vormen de Hindoestanen met ongeveer 160.000 man ruim een kwart van de bevolking. Ze staan in Suriname bekend om hun ondernemerschap. Hoewel de politieke macht lange tijd in handen was van de Nederlanders en (daarna) de Creolen, hadden de Hindoestanen een financieel-economisch overwicht ten opzichte van de andere inheemse bevolkingsgroepen. Lange tijd leek het er op dat de Hindoestanen politiek weinig te vertellen hadden en zouden krijgen, maar hun positie is tegenwoordig cruciaal voor het bereiken van meerderheidsregeringen. Economisch succes kent wel een schaduwzijde: zelfmoordcijfers zijn hoog en ook alcoholmisbruik en vrouwenmishandeling komen er vaker voor dan onder andere bevolkingsgroepen. Tegenwoordig behoren de Hindoestanen tot de grootste en wellicht rijkste bevolkingsgroep van Suriname. Maar hun voorouders waren straatarme Indiërs, die zonder goed te begrijpen waar ze aan begonnen duizenden kilometers verhuisden om vrijwillig slavenarbeid te verrichten. Wel een goed voorbeeld: migratie kan prima uitpakken, mits je de juiste mentaliteit hebt: doorpakken en aanpakken.

Suriname is eigenlijk ook een beetje Fries. Ooit had de BV Suriname drie eigenaren: de Nederlandse Staat, de West Indische Compagnie (WIC) en de familie Van Sommelsdijck uit het Friese dorp Wieuwerd. De Van Sommelsdijckjes behoorden tot de Labadisten, een piëtistische godsdienstige sekte uit de zeventiende eeuw. Jean de Labadie was hun inspirator. Hij was een ex-jezuïet, die als predikant van de Waals-protestantse kerk van Middelburg streefde naar een zuivere kerk van alleen ware gelovigen. Onder de labadisten was een aantal zeer getalenteerde mensen. De Labadisten trokken enige tijd door Nederland en het Duitse rijk op zoek naar een vaste verblijfplaats. Uiteindelijk kwamen zij terecht op het landgoed Walthastate in Wieuwerd. In de kelder van de kerk van Wieuwerd zijn enkele mummies bewaard gebleven. De sekte heeft zich aan het einde van de zeventiende eeuw verspreid. In 1683 trokken leden naar Maryland in de Verenigde Staten en naar Suriname, waar een plantage genaamd La Providence werd gesticht. De plantage lag in afzondering, op veertig uur roeien van Paramaribo. De Labadisten mochten zich in Suriname vestigen omdat drie ongetrouwde zusters van gouverneur Cornelis van Aerssen van Sommelsdijck tot de sekte behoorden. Tot degenen die zich in Suriname vestigden behoorde Maria Sibylla Merian. Zij maakte hier onder andere studie van tropische insecten en tekende deze beestjes erg nauwkeurig na. Haar boek werd een standaardwerk. De plantage in Suriname hield het niet lang vol. Veel van de nieuwkomers stierven aan malaria. Van gouverneur Van Sommelsdijck staat nog een borstbeeld in de stad, vlakbij Fort Zeelandia. Dus Eigenlijk zijn Surinamers ook een soort Friezen.

Joods Suriname is klein maar markant. Veel Surinamers hebben Joods bloed in zich en dat weten ze je precies te vertellen. Mensen kunnen je van elke druppel van hun bloed vertellen van welk ras hij komt, en hoe ze zo *moksi* (gemengd) zijn geraakt. In veelkleurig Suriname zijn de mensen van gemengd bloed de grootste bevolkingsgroep. De Joodse invloeden zijn nog alom aanwezig in de Cariben maar worden vaak niet als zodanig herkend. Veel Sefardische Joden, die eind zestiende eeuw voor de inquisitie vluchtten uit Portugal en Spanje, kwamen in Amsterdam terecht. Vanuit Amsterdam volgden Joodse handelaren de schepen van de West-Indische Compagnie en vestigden zich achtereenvolgens in Brazilië en Nieuw Amsterdam, het latere New York. Maar anders dan in Brazilië, mochten Joden in Nieuw Amsterdam weliswaar werken, maar niet hun geloof vrij beoefenen. Vandaar dat velen van hen snel weer verder trokken naar Curaçao en Suriname, waar ze meer godsdienstvrijheid kregen. Een lange tijd vormden de Joodse gemeenschappen hier een derde tot de helft van de blanke bevolking. In Suriname hadden Joden, net als andere Nederlanders, plantages en slaven in hun bezit. Maar toen aan het eind van de achttiende eeuw de plantagecultuur instortte na een economische crisis, verarmden de plantagehouders en verhuisden ze naar Paramaribo. Hier vermengden ze zich met de lokale bevolking, die al uit veel verschillende culturen bestond, zoals Hoogduitse Joden, mulatten en vrijgelaten slaven. Gemengde gezinnen zijn hier heel normaal en mulatten en 'vaderJoden', bij wie het Joodse bloed is doorgegeven via de vader, worden in Suriname wel geaccepteerd door de Joodse gemeenschap. De plantages van de Sefardische Joden lagen met name langs de Surinamerivier. Jodensavanne, een uurtje buiten Paramaribo, was een volledig autonoom Joods dorp en deze vrijheid hadden Joden nergens anders in de wereld. De huidige Joodse gemeenschap is klein maar hun erfenis leeft voort in de vele van oorsprong Joodse woorden, in culinaire gewoontes en in gebruiken. Er zijn ook nog veel Joodse namen terug te vinden, zoals van oud-voetballer Edgar Davids, die wijzen op Joodse voorouders. Van Jodensavanne zijn nu nog alleen ruïnes over, maar het plaatsje staat al sinds 1999 op de tentatieve lijst voor Werelderfgoed van de UNESCO. Het was de enige nederzetting in de Amerika's, waar Joden in de zeventiende eeuw vrijheid van godsdienst en rechtspraak hadden en er zelfs een eigen militie op na hielden. Daarnaast zijn de Joodse begraafplaatsen in het regenwoud van Suriname van ongeëvenaarde klasse en goed geconserveerd. Als Suriname dit, o.a. met Unesco-geld goed zou restaureren en marketen, zou het een toeristentrekker van formaat kunnen worden. Maar onderhoud van monumenten is niet iets waar Suriname sterk in is. Grappig is in dit verband het Saramacca-project uit 1946, bedacht om tienduizenden Joodse vluchtelingen uit Europa te laten migreren naar Suriname. In 1937 was de Freeland League for Jewish Territorial Colonization opgericht. Deze organisatie zocht naar gebieden buiten Palestina waar Joden op grote schaal naartoe konden migreren. Suriname bleek de meest interessante optie. Stel je voor dat de geschiedenis anders was gelopen en dat hier het nieuwe Israël was gesticht in plaats van in het Midden-Oosten. Hoe zou de wereld er tegenwoordig uitzien, als de Arabieren geen Israël naast zich zouden hebben om hun eigen falen om mee te komen in de moderne tijd op af te schuiven? En zou Suriname het modernste, meest democratische en economisch sterkste land van Latijns-Amerika zijn?

Terwijl we hier nog wat over filosoferen, bezoeken we de enige synagoge in Paramaribo die nog als godshuis dienstdoet. De andere zijn in gebruik als internetcafés of gesloopt en vervangen door nieuwbouw. Er is bewaking en legitimatie is verplicht, maar de ontvangst is allerhartelijkst en we krijgen een rondleiding van een bestuurslid van de lokale Joodse gemeente bij wie V door zijn Amsterdamse rabbijn was aanbevolen. Op de vloer ligt wit savannezand, waar mooie verhalen over rondgaan. Het zou herinneren aan de Egyptische woestijn, het zou beschermen tegen brand, het zou het geklos van schoenen op de houten vloer moeten dempen (Joden lopen veel rond tijdens de dienst). Een groot deel van het interieur is van massief mahoniehout en het gebouw heeft een fantastische akoestiek. Er kunnen vijfhonderd mensen in. De koperen kroonluchters zijn indrukwekkend. De kaarsen zijn nu vervangen door elektrisch licht. In de tuin voor het gebouw zie je Joodse grafzerken die van elders zijn aangerukt. Gelukkig staat het gebouw achter een hoog hek, want de vele junks die in deze buurt rondzwerven hebben al menig houten monument in brand laten vliegen met de vuurtjes die ze overal stoken. Surinamers klagen steen en been over de vele haveloze verslaafden die inbreken, straatroven plegen en brandstichten. Ze van de straat halen en ergens ver in de jungle een afkick-kliniek oprichten zou niet zo moeilijk moeten zijn, toch? Of permanent aan de methadon, zoals je in Amsterdam ziet. Enfin, we zijn hier op vakantie, niet om het land te reorganiseren.

Ook pom, een van Suriname's bekendste gerechten, is van Joodse origine. Voedingsspecialiste Karin Vaneker zegt over de populaire ovenschotel met kip en zoutvlees: "De basis is de subtropische knol pomtajer, die veel weg heeft van de aardappel. In Europa waren Joden al aardappeleters, terwijl de rest van de Europeanen de aardappel nog als minderwaardige voeding beschouwde. De Joden stopten de aardappel overal in. Dat had ook te maken met hun spijswetten. Planten zijn nergens verboden en de aardappel kent vele toepassingen, onder meer als ovenschotel en Joden gebruikten de oven veel voor hun gerechten. Ook dat had te maken met hun spijswetten. Op sabbat mochten ze geen vuur maken. Moeder zette op vrijdagmiddag *sjalet* ofwel *cholent* – kip met aardappel – in de oven. Na een nacht garen werd het op zaterdagmiddag opgediend door een niet-Joods hulpje. Ovens waren bij Afrikanen en Amerikanen niet in gebruik. Die bereidden hun maaltijden bijna altijd op open vuur. Daarnaast is het gebruik van citrussap – zoals bij pom is voorgeschreven – typisch Joods. Zij smeren de kip in met citroensap, om het vlees zachter te maken. In de pom gebeurt dat ook. De pomtajer kwam in het recept doordat aardappels van nature niet groeien in warme subtropische gebieden. Pomtajer wel en die knol heeft wel iets weg van de aardappel."

We logeren in het Royal Torarica hotel, onderdeel van een Surinaamse hotelgroep die hier drie hotels exploiteert, naast elkaar gelegen aan de Surinamerivier. De manager vertelt dat het scherp houden van het personeel zijn grootste kopzorg is. Inderdaad, de servicekwaliteit van bijvoorbeeld Aziatische hotels moet je hier niet verwachten, maar het personeel is wel vreselijk aardig. Zo af en toe wordt een bestelling in het restaurant vergeten, maar met een brede *smile* wordt dat later weer rechtgezet. In het oude Torarica hotel en casino logeerde indertijd de Nederlandse afvaardiging die namens het kabinet Den Uyl over Surinames onafhankelijkheid onderhandelde. Over hoe dat eraan toeging met drinkgelagen, hoerenloperij en andere weinig diplomatieke escapades doen nog altijd de smakelijkste verhalen de ronde, maar of ze waar zijn weet niemand echt. Nog steeds vinden in dit hotel veel netwerkbijeenkomsten, feesten en partijen plaats en ook voor internationale congressen is het een geliefde locatie. Op het moment dat wij er zijn vindt er een Caraïbisch aidscongres plaats. De ramen in het hotel kunnen helaas niet open, maar de airco zoemt prima en het is er vrij van muskieten. Tegenover Torarica is 't Vat, een bar in de open lucht waar je ook kunt eten. We treffen er enkele bekenden. Het weerzien met het Suriname van A's jeugd is leuk. De scholen waar hij op heeft gezeten – nu wat vervelozer dan toen, maar misschien lijkt dat maar zo – het op palen gebouwde ouderlijk huis. Beneden zijn tegenwoordig vier appartementjes die verhuurd worden aan Braziliaanse goudzoekers, die nu vaak in Suriname actief zijn. Veel huizen zijn op palen gebouwd, wat wel zo koel is boven, want dan vang je de meeste wind. Op de begane grond is het een stuk warmer. De Braziliaanse tv-zenders zijn er te zien, mama en Sabina hebben wat Portugees geleerd en de Brazi's brabbelen wat Sranan, de lingua franca van Suriname. Officieel is Nederlands de voertaal, en de hele bovenlaag spreekt het, zij het ieder met zijn eigen accent. De grootste bevolkingsgroepen zijn nog steeds de negers en de Hindoestanen. Daarnaast Javanen, Chinezen en kleinere groepen blanken, Joden en Libanezen. Je ziet ook steeds meer gemengde kindertjes, wel zo mooi. De nieuwe Chinezen spreken (nog) geen Nederlands, maar vaak wel Sranan. Het Sranan is een soort pidgin-Engels, en dat leer je snel genoeg, als je een bétje Engels beheerst, zeker...

Paramaribo oogt redelijk welvarend, maar ingewijden vertellen dat velen twee of drie baantjes hebben om de eindjes aan elkaar te kunnen knopen. Hosselen heet dat hier. En de façade is erg belangrijk is. Nette kleren verhullen veel leed. In de boetiekjes zie je veel kopie-merkkleding uit Chinese *sweat shops*. Nederlandse tv-zenders zijn er te zien op het BVN-kanaal (Beste van Nederland), maar dat is slechts voor een beperkt publiek toegankelijk.

Het oude stadshart van Paramaribo stond ooit op de Unesco-lijst, maar is er vanaf gekukeld. Surinamers gaan niet goed om met hun historisch erfgoed. Op het Onafhankelijkheidsplein is te midden van oude gebouwen lelijke nieuwbouw neergezet, pal tegenover het presidentiële paleis. Op de gevel van het paleis is de houten beeltenis met daarop het wapen van Amsterdam en van de *Geoctroyeerde Sociëteit van Suriname*, de koloniale onderneming die Suriname in de zeventiende en achttiende eeuw exploiteerde, vervangen door het wapen van Suriname. Het oude gedenkteken zal een plek krijgen een in museum, maar is voorlopig nergens te zien. Jammer, toch een vormend onderdeel van de geschiedenis. Op het New Yorkse stadhuis staat nog steeds het wapen van Amsterdam. Je kunt je verleden niet uitwissen. Ook met de rest van de oude houten binnenstad is liefdeloos omgegaan. Veel houten gebouwen zijn verwaarloosd of uitgebrand. Het oude parlementsgebouw dat al meer dan tien jaar geleden afbrandde is nooit herbouwd. En als er wat herbouwd wordt is dat niet retro, maar cynische nieuwbouw. Welstand bestaat hier niet. En men heeft ook niet door dat een tiptop historische binnenstad goed is voor het toerisme. Zie het oude houten stadscentrum van Washington DC, dat de Amerikanen liefdevol hebben opgeknapt en dat veel toeristen trekt. Maar het onderhoud van de houten gebouwen is duur en veel huiseigenaren hebben daar geen geld voor. En de regering interesseert het allemaal niets. Daarmee is verval onvermijdelijk. Het zij zo. Maar de vrolijkheid van de Suri's maakt hier een hoop goed.

MAROKKO: LAND VAN DE BERBER-OMELET

"Waar je ook staat, je staat altijd wel op iemands tenen." Dit Marokkaanse gezegde hoor je vaak als je door dit bezienswaardige land reist. De Nederlands-Marokkaanse schrijver Hafid Bouazza woonde tot zijn zevende op in Oujda, aan de Marokkaanse grens met Algerije en zijn boek *De akker en de mantel* lezen we tijdens deze reis. We houden van de taalkunstenaar Bouazza. Marokkanen blijken sowieso goede verhalenvertellers. We zijn in Marokko tijdens de decembermaand, en ook hier is het winter. De temperaturen verschillen flink in de verschillende gebieden waar we heengaan, dus qua kleding geldt: laagjes, dan is er altijd wat af te pellen.

Kwartjesmaatschappij Transavia brengt ons naar Marrakesh en haalt ons op uit Agadir. Dat heeft zo zijn nadelen. De stoelen zijn smaller en de beenruimte is minder dan bij luxere maatschappijen. Na bijbetaling krijg je een vaste stoel (anders ben je ongeplaceerd) en nog wat voordeeltjes. Maar zelfs bijbetaling behoed je niet voor Transavia's grondstewardess. Onze handbagage is voor deze employee twee centimeter te groot. Nu is het betreffende Rimowa-rolkoffertje speciaal ontworpen voor de handbagagematen van luchtvaartmaatschappijen en nog nooit geweigerd (ook niet door Transavia op een vlucht naar Napels, en zelfs Easyjet vindt de Rimowa lief), maar van de grondstewardess moet het onverbiddelijk naar het bagageruim, onder de mededeling dat het ding overigens wel voldoet aan de maten die haar collega's in Agadir hanteren. Zucht. Trek ze een uniform aan en sommige mensen veranderen in een akela.

De rode stad Marrakesh is een toeristenmagneet. We logeren in het kleine hotel Riad Alnadine, dat wordt gerund door een alleraardigst Frans babyboomechtpaar. Nadine is een pensionada van de Franse sociale dienst en Alain werkte voor een bedrijf in landbouwmachines dat hem wegbezuinigde met een gouden handdruk. Samen begonnen ze dit pension met vijf kamers in de medina, de oude binnenstad, die geheel is opgetrokken in rossige tinten. De kleuren doen denken aan het Indiase Jaipur. In de smalle straatjes passen nauwelijks auto's, maar brommertjes wurmen zich tussen de voetgangers door. Het zou goed zijn als de Marokkaanse overheid een metro zou aanleggen onder de oude stad, zo denken we, voor al die scootertjes die ons steeds voor de voeten rijden. Ook leuk voor werkgelegenheid voor de toch wel talrijke doelloos rondhangende jongeren hier.

Het weer is afwisselend zonnig (de eerste dag ontbijten we op het dakterras) en regenachtig, dus onze paraplu's komen van pas. De vastgoedprijzen in Marrakesh schieten omhoog. Groepjes westerlingen kopen er vaak samen een *riad* (een stadsvilla met patio). Met vier stellen heb je zo een leuke *timeshare*. Voor Marokkanen wordt Marrakesh echter onbetaalbaar, want al die Europeanen drijven de prijs op. Maar de bezoekers zorgen ook voor werk en veel jongeren trekken van het platteland naar de stad in de hoop een baan te vinden. Aangezien elke twee hotelkamers samen een fulltime baan opleveren, is het toerisme goed voor behoorlijk wat werkgelegenheid hier. Mooi, zolang de stad maar niet haar authenticiteit verliest en een groot openlucht-Disneyland wordt.

Het Bahiapaleis en de Madrassa (het seminarie voor imams) zijn hoogtepunten van Marokkaanse architectuur. Verfijnd geometrisch stucwerk, ingelegde houten plafonds en tegelwanden. Verschillende Marokkaanse firma's maken dat tegenwoordig na voor Westerlingen die een vleugje Oriënt in huis willen. Het paleis is aan het eind van de negentiende eeuw in vijftien jaar gebouwd onder leiding van Bou Ahmed, grootvizier (minister-president) van de sultan. De sultan wilde het voor zijn vrouw en talrijke concubines. Het moest een van de mooiste Moorse paleizen worden in Marokko. Hij liet het ontwerpen door architect Mohammed el Mekki, die de beste ambachtslieden uit Fez – die weer bekend staan als de beste van Marokko – liet aanrukken om het te bouwen. Het is echter nooit helemaal af gekomen. Er zijn geen traditionele bovengalerijen op gebouwd. Desalniettemin is het een fraai bouwwerk, waaraan je nog goed de traditionele bouwkundige details uit die tijd kunt bewonderen. De Marokkaanse architectuur hoort tot de mooiste in de regio en dit paleis is er een goed voorbeeld van.

De paleizen van Marrakesh en de weelde van de elites (de koninklijke familie domineert de Marokkaanse economie en de koning verdient meer dan zijn Nederlandse collega) staan in schril contrast met het leven van menig gewoon burger. Zoals ook elders in de Maghreb, kent Marokko veel jonge mensen met weinig toekomstperspectief. De Islamisten rukken ook hier op en ISIS wint aanhang, vertellen Marokkanen ons. De koning regeert met harde hand en doet veel aan de verbetering van de wegen en andere infrastructuur, en de mensen die wij spreken zeggen dat hij het veel beter doet dan zijn vader. Maar in de hogere sociale klassen is men bezorgd over de onrust in de regio en over de aantrekkingskracht van ISIS op Marokkaanse jongeren, vooral die in Europa. "Als Europese Marokkanen zo sterk vertegenwoordigd zijn in de rangen van ISIS en andere islamistische groepen, hoelang duurt het dan nog voordat ze hier toeslaan?", vraagt een lokale ondernemer zich af.

De oude Joodse wijk, de Mella, is nog intact. Vroeger kende Marokko een grote Joodse gemeenschap, maar in Marrakesh is er alleen nog een handjevol oudjes over. De meeste Marokkaanse Joden wonen nu in Israël, Canada en Frankrijk. In de tijd dat Israël werd gesticht, werden Joden vaak weggepest (tenzij ze veel geld of goede contacten met de koning hadden). Veel Joden in de Arabische wereld moesten hun bezit achterlaten of, zoals in Marokko, ver onder de prijs verkopen. Zo verloren Joodse vluchtelingen uit Arabische landen meer grond dan Palestijnse Arabieren aan Israël verloren. Ook nam Israël meer Arabisch-Joodse vluchtelingen op dan er Palestijnse vluchtelingen waren. Een erkende uitruil, zoals indertijd tussen Griekenland en Turkije of tussen India en Pakistan, was toen verstandiger geweest. Maar enfin. Hoewel er geen diplomatieke betrekkingen zijn tussen Marokko en

Israël, komen hier tegenwoordig groepen Israëlische toeristen op bezoek. In de enige overgebleven synagoge komen we ook een Israëlisch reisgezelschap tegen. Het gebouw zelf is geen architectonisch hoogstandje, maar wel goed onderhouden. De nabije Joodse begraafplaats is bijzonder uitgestrekt: Marrakesh kende ooit een grote Joodse gemeenschap. Erachter, met een muur ertussen, ligt de islamitische begraafplaats.

De huizen van de Joden zijn nu ingenomen door arme plattelanders en de ooit welvarende Mella oogt vervallen. Bij hun vertrek konden de Joden niet al hun spullen meenemen en daarom is er bij verschillende antiquairs nogal wat judaïca te koop, zoals menora's en zelfs Thorarollen (die een antiquair – onbekend met het Hebreeuws – ondersteboven heeft opgehangen). Volgens het Israëlische statistisch instituut blijft de handel tussen Marokko en Israël groeien. Marokko verkoopt voornamelijk vis, olijfolie, kruiden en parfum aan Israël. In Marokko vinden vooral Israëlische dadels gretig aftrek, met name tijdens de Ramadan. Marokko staat op de vierde positie als het gaat om Arabische landen die handel drijven met Israël en het handelsvolume bedraagt jaarlijks zes tot tien miljard dollar. Groei zit in de sectoren toerisme, technologie, defensie en levensmiddelen. Interessant, want over deze regionale handel hoor je nooit iets. Israëlische toeristen lopen hier rond zonder beveiliging en worden net zo gastvrij bejegend als andere bezoekers. Hoopgevend om te zien, decennia na de pesterijen tegen Joden in de stad.

Majorelle en de nieuwe stad. De Franse schilder Jacques Majorelle vestigde zich begin twintigste eeuw in het nieuwe deel van Marrakesh en maakte er oriëntalistische schilderijen, die nu op de wereldmarkt voor topprijzen van de hand gaan. Sinds 1949 zijn de tuin en het atelier van Majorelle opengesteld voor publiek. De tuin herbergt planten van alle vijf continenten, met nadruk op die uit de cactusfamilie en bougainville. De kobaltblauwe kleur, kenmerkend voor veel decoratieve elementen in zowel de tuin als het atelier, werd later naar de kunstenaar vernoemd: Majorelleblauw. In de tuin bevindt zich ook een museum met Marokkaanse volkskunst en in het voormalig atelier is een klein etnografisch museum gevestigd over de cultuur van de Berbers. Vanaf 1980 was de Majorelletuin eigendom van de in 2008 overleden Franse modeontwerper Yves Saint Laurent (zijn as is verstrooid in deze tuin) en diens man Pierre Bergé. In 1997 richtte Bergé een stichting op, die het behoud en beheer van de tuin op zich nam. Een groot deel van de textielverzameling komt uit zijn persoonlijke collectie. Het museum voor Berberse kunst herbergt maar liefst zeshonderd kunststukken uit de geschiedenis van de Berbers, de oorspronkelijke bewoners van het land. Er zijn schitterende stukken houtsnijkunst, bewerkt leer en metaal, maar ook tapijten, stoffen, muziekinstrumenten en kostuums. In een aparte kamer met sterrenhemelzoldering zijn tientallen knap vervaardigde juwelen tentoongesteld. Ook de boek- en cadeauwinkel in interessant, want daar vind je door Yves Saint Laurent ontworpen kaarten, slofjes en kaftans. *Haute couture*, met een Marokkaanse twist.

In de film Yves Saint Laurent; L'amour fou wordt vanuit het perspectief van Pierre Bergé een prachtig maar ook treurig beeld geschetst van de briljante, maar o zo verlegen ontwerper, die al op zijn 21ste aan het hoofd van een groot modehuis (Christian Dior) stond. Samen met zijn man bouwde hij vervolgens het modehuis YSL op. Opmerkelijk dat een homokoppel zich zonder enige belemmering kon vestigen in dit islamitische land. In en buiten Marokko staat Marrakesh niet voor niets bekend als "gay capital" van het land. Schrijver Arthur van Amerongen noemt Marrakesh op *The Post Online* een paradijs voor de herenliefde. Hij schrijft: "De combinatie van homoseksuele neigingen en vroomheid is niet het exclusieve domein van de katholieke kerk. De lichamelijkheid en intimiteit tussen mannen in Noord-Afrika, het Midden-Oosten en islamitische landen in het Verre Oosten is vanzelfsprekend en gaat ver, waardoor de scheidslijn tussen hetero en homo erg vaag is. (…) In de Koran komt de term homoseksualiteit niet voor, wel de term *liwata* (sodomie). Liwata is afgeleid van Loet, de Arabische naam van de profeet Lot. Het verhaal van Lot en de ondergang van de zondige steden Sodom en Gomorra wordt ook in het christendom gebruikt om homoseksualiteit te verwerpen. De mannelijke inwoners van Sodom zouden het met elkaar doen, al wordt dat uit de zeer beperkte en vage beschrijving in de Bijbel niet duidelijk. De Koran heeft weer een eigen interpretatie gegeven aan het Bijbelverhaal die nog minder met de originele tekst te maken heeft. Volgens imam Abdelwahid van Bommel is er heel veel onduidelijkheid over homoseksualiteit en vooral het bepalen van de strafmaat. In de woorden van de profeet Mohammed wordt seksueel verkeer tussen twee mannen of twee vrouwen met overspel vergeleken en dient het ook als zodanig bestraft te worden. Omdat er vier getuigen bij aanwezig moeten zijn om de daad te bevestigen, zijn er maar enkele gevallen van 'voorbeeldige bestraffing' bekend, aldus van Bommel in zijn boek *Islam, liefde en seksualiteit*."

De Berbercultuur fascineert. In de oudheid werden de Berbers Libiërs, Numidiërs en Mauretaniërs genoemd en ze zijn het oudst bekende volk dat Noord-Afrika en de Sahara heeft bewoond. De Berbers leefden in een gebied dat zich uitstrekte van de Canarische Eilanden tot aan de oase Siwa in Egypte, en van Tunesië tot aan de Sahel. Dit gebied werd vroeger ook wel aangeduid als Barbarije, wat afgeleid is van het oud-Griekse woord *barbaros*, dat 'de ander' of 'vreemdeling' betekent en waarmee niet-Grieken werden aangeduid. Er zijn verschillende theorieën die de herkomst van het woord 'berber' uitleggen. Een eerste theorie is dat het begrip dateert uit de late oudheid, toen het gebruikt werd om de Noord-Afrikaanse stammen aan te duiden die buiten de Romeinse invloedssfeer leefden. Een andere theorie is dat het woord herinnert aan de Germaanse Vandalen, die aan het begin van de vijfde eeuw naar Noord-Afrika migreerden. De Germanen werden door de Romeinen van oudsher 'barbaren' genoemd. Een derde theorie is dat Noord-Afrika door de Romeinen Barbarije werd genoemd wegens de 'barbarijse' (dus barbaarse) zeerovers en hun piratenactiviteiten in het westelijke deel van de Middellandse Zee. Tegenwoordig zijn Berbers voornamelijk te vinden in Marokko, Algerije, Tunesië en Libië. In Marokko leven negentien miljoen al dan niet gearabiseerde Berbers. De burgemeester van Antwerpen, Bart de Wever, heeft de Berbers in Antwerpen omgeschreven als 'een gesloten groep met een zwak georganiseerde islam, zeer vatbaar voor radicalisering'. In Marokko zijn de Berbers eeuwenlang het slachtoffer geweest van onderdrukking, hoewel hun sociale positie is verbeterd sinds de troonsbestijging van koning Mohammed VI. De Berbers noemen zichzelf Amazigh – meervoud Imazighen – , wat 'vrije mensen' betekent. In de Arabische wereld is Amazigh de meer politiek correcte term voor het aanduiden van deze bevolkingsgroep.

Vanaf de achtste eeuw kregen de Berbers, die christen of Joods waren, te maken met invallen van islamitische Arabieren. In Marokko wisten ze tot in de zestiende eeuw hun positie te behouden, waarna het land onder Arabisch-islamitisch bewind kwam. Daarmee begon de eeuwenlange onderdrukking van de Berberbevolking, die in zekere zin nog steeds voortduurt. Na de onafhankelijkheid van Marokko in 1956 kwam koning Hassan II aan de macht. Net als zijn voorgangers, zag hij de Berbercultuur als minderwaardig. Slechts het Arabisch werd in Marokko erkend als officiële taal. Veel politieke partijen zagen de Berbercultuur als pre-islamitisch en primitief. Een connectie met een Berberachtergrond werd gezien als een aanval op de nationale eenheid van het land. In de praktijk was het voor Berbers niet mogelijk om een eigen tijdschrift of vereniging op te richten en ze konden geen hoge functies bekleden. Met de troonsbestijging van Mohammed VI in 1999 kwam er mondjesmaat verandering in de positie van Berbers. In 2000 bracht de historicus Mohamed Chafik het Berbermanifest uit, dat ondertekend was door 229 pleitbezorgers van de Amazigh-zaak. Het manifest sprak over de rol van de Berbers in de Marokkaanse geschiedenis en formuleerde tevens een aantal eisen. Chafik vroeg om erkenning van de Berbertaal en het herschrijven van de geschiedenisboeken. Mohammed VI onderstreepte het manifest in zijn troonrede in 2001 en erkende dat de Berberidentiteit een wezenlijk onderdeel is van de Marokkaanse samenleving. In 2011 werd een nieuwe grondwet opgesteld, waarin de koning verder tegemoet kwam aan de eisen van de Berbers en hun taal werd erkend als officiële taal. Langzamerhand gaan er dus stappen richting erkenning en acceptatie van de Berbercultuur. En inderdaad: op onze tocht zien we hier en daar opschriften in het Berbers, met de zo kenmerkende geometrische structuur van het alfabet. Voornamelijk de Berbers in het noordelijke Rifgebied hebben het in Marokko moeilijk gehad en opstanden werden er op bloedige wijze de kop ingedrukt. Veel Berbers uit de Rif emigreerden naar België en Nederland. Naar schatting spreekt (of sprak) ongeveer 70 procent van de Nederlandse en Belgische Marokkanen een Berbertaal. De verhoudingen tussen Berbers en Arabieren zijn nu verbeterd en je ziet ook meer gemengde huwelijken. Mooi.

Je kunt goed eten in culinaire hoofdstad Marrakesh. Op het grote plein, de Jemma el Fna, staan 's avonds eetstalletjes, erg oers. Kunstenmakers doen er hun ding en het plein is een levendig geheel. Het nabij gelegen restaurant Narwama is gevestigd in een voormalig paleis, met Boeddhabeelden en een eclectische keuken van Thais, Frans en Marokkaans. Een goede ambiance en lekker eten, maar wel erg rustig. Café Arabe heeft een fijn dakterras en wordt vooral door toeristen en expats bezocht. Ook daar is het eten overigens prima en de

Marokkaanse wijnen zijn uitstekend te drinken. Om drank te verkopen moet je in Marokko overigens man zijn. Een vrouwelijke restauranteigenaar krijgt geen drankvergunning, zo horen we, wegens godsdienst en oude vrouwonvriendelijke chicanes. En zo heeft restaurant Chez Brahim wel geweldig eten, maar moet de Frans-Marokkaanse eigenares het zonder wijnkelder stellen. Gelukkig smaken de muntthee en het versgeperste sap ook. De Marokkaanse keuken ligt tussen de mediterrane keukens en de Afrikaanse keukens in en is sterk beïnvloed door de keukens van de Arabieren en de Berbers. Belangrijke gerechten zijn couscous met tajineschotels, briouettes, de merguezworst en bastillas. De Marokkaanse keuken staat erom bekend goed gekruid te zijn, meer nog dan die van andere Arabische landen. Een bekend kruidenmengsel is *râs al hânout*, met een duizelingwekkend aantal smaken. De *harira* is de traditionele soep. Ook de Toearegthee (een soort muntthee) is vermaard, althans in Marokko. Moha Fedal is de bekendste chef van Marokko en de motor achter de hedendaagse fusion cuisine van Marrakesh. "Het geheim van de Marokkaanse keuken is *slow cooking*", vertelt hij. "Om de meeste smaak uit het vlees te halen, zul je het langzaam moeten garen en daar is tijd voor nodig. Gelukkig hebben we die tijd hier in Marokko." Mooi gezegd en slow spreekt ons zeer aan, zeker wanneer we op reis zijn.

In de soek van de oude stad kan je goed rondscharrelen, al zijn er wel veel 'insmijters'. Tussen heel gewone winkeltjes zitten plotsklaps pareltjes van boetieks. Bij Hassan van *Arts de Marrakech* op Place Rahba Kdima, die duizenden tapijten op voorraad heeft, zien we een kleed dat wel zou passen onder onze eettafel. Hassan is een lollig dikkertje en het afdingen neemt een aanvang. Daarbij noemt Hassan V een echte Berber. Dat geldt hier als compliment voor de onderhandelkunst (natuurlijk ook met het oogmerk de prijs op te krikken). Na ruim een uur bieden, loven en muntthee wordt de koop bezegeld. De antiquairs ter stede vragen woekerprijzen: te hoog om te gaan afdingen. Dus daar is het alleen kijken-kijken-niet-kopen. We hebben wel lol bij *Galerie de l'art arabe* in Soukh Mouasinne, die knap antiek borduurwerk heeft. De verkoper neemt ons mee het dak op om ons het uitzicht over de binnenstad te laten zien (en een sigaret op te steken). Ook hij noemt V weer een Berber bij het onderhandelen. We leggen uiteindelijk de hand op kussenslopen met borduursel voor mama Bakas.

We gaan de Hoge Atlas over. Vanuit Marrakesh trekken we met onze huurauto het gebergte in naar de Tischka-pas, op meer dan 2.500 meter hoogte. Een week geleden was de pas nog afgesloten wegens overvloedige regen- en sneeuwval. Maar we hebben ons van tevoren goed geïnformeerd en gelukkig is hij weer open, anders was het een halve dag omrijden geweest. De besneeuwde hellingen komen steeds dichterbij. Overal worden wegwerkzaamheden uitgevoerd. Dat maakt het inhalen van puffend trage vrachtwagens op de naar boven zigzaggende weg nogal avontuurlijk. Later horen we dat door de neerslag het asfalt hier en daar is weggespoeld, maar dat ze meteen aan het herstel zijn begonnen. Bovenop de pas staan tussen de sneeuw souvenirwinkeltjes die verder niet de moeite waard zijn. We beginnen aan de afdaling in een kaal maanlandschap. Onderweg houden we halt om wat lokaal geperste *arganolie* te kopen, die voor alles goed schijnt te zijn. Als lunch nemen we in het aanpalende restaurant een Berber-omelet, de lokale variant van de boerenomelet. Het mengsel van ei, ui, tomaat en olijven wordt opgediend in een aardewerken tajine. Een ander gerecht hebben ze er trouwens niet. We rijden door de stad Ouarzazate, het Hollywood van Marokko. Ook buitenlandse films worden hier opgenomen, zeker als die zich afspelen in Oosterse sferen. Verschillende filmstudio's glijden voorbij, met sfinxen en mummies voor de poort.

Vervolgens nemen we de weg naar onze bestemming Skoura in het Dadèsdal. Daar slaan we een onverhard weggetje in naar het door ons uitgekozen hotel Sawadi. Het weggetje wordt steeds smaller en het begint te schemeren. We rijden langs een snel stromende beek, waarlangs we bandensporen kunnen ontwaren. Dan verdwijnen ze in de beek. Aan de overkant zien we een auto wegrijden en we besluiten het er op te wagen en rijden de beek in. Plotseling zit de auto vast. De voorwielen staan in het water, de achterwielen nog op de oever. Achteruitrijden gaat niet meer. We bellen de eigenaar van hotel Sawadi voor hulp. Die belooft redding. Tegelijkertijd komt een rammelende Renault 4 langszij. De chauffeur en zijn bijrijder stappen uit en beginnen onze auto te duwen, echter zonder resultaat. "Als het niet achteruit gaat, dan maar vooruit", zegt de chauffeur. We stappen weer in, hij geeft een kontje, wij geven tegelijk een dot gas, en jawel, we komen los en kruisen de beek. Aan de overkant steken we onze beide duimen omhoog en krijgen van de Renault 4-bestuurder een brede, tandeloze lach terug. Halverwege komen we de auto van Sawadi tegen. Ze keren grijnzend om en de laatste kilometers hobbelen we achter hen aan door een palmbos naar ongeveer het einde van de wereld. Philippe en schoonzoon Nicolas hebben hier met moeder de vrouw/schoonmoeder Cathérine een boerderij met geriefelijke gastenverblijven. Zij heeft de ziekte van Lyme en eet en teelt sindsdien alleen biologisch. Haar hoogleraarschap in Bordeaux combineert ze met dit bestaan als boerin annex hotelhoudster. Onze kleine suite heeft ramen rondom met uitzicht op het palmbos en de witte toppen van de Hoge Atlas. Het is nog laagseizoen en wij zijn de enige gasten. Over een paar dagen begint echter de schoolvakantie in Frankrijk en dan stroomt het hier vol. De Fransen weten hun voormalig protectoraat nog goed te vinden. Het is de eerste avond van Chanoeka, het Joodse lichtjesfeest. Bij het haardvuur in het eetzaaltje steken we twee kaarsjes aan. Als keppeltje doen we een servet op het hoofd. Daarna krijgen we tajine van konijn: niet koosjer, wel lekker. De volgende dag laat A zich masseren en gaat V in de woestijn achter de palmtuin hardlopen met het volle zicht op de Hoge Atlas.

Van Skoura voert de tocht naar de Dadèskloof. De weg gaat door een woestijnachtige streek en draagt de weidse naam 'Rozendal'. Het gebied leeft dan ook van de rozenteelt. En van de vervaardiging van dolken. De voortbrengselen van beide nijverheidssectoren zijn overal langs de weg te koop. Het rozenwater en de steekwapens laten we echter links liggen. De weg lijkt goed aangelegd, maar opeens stuiten we met honderd kilometer per uur (daar toegestaan) op een gat in het asfalt en daarna klinkt het geratel van metaal. Een lekke band. Misschien was het gat slechts de genadestoot van de beproevingen die de banden al in de beek hadden doorstaan. Stapvoets rijden we door naar de eerste de beste uitspanning langs de weg – die gelukkig heel snel opduikt – en vragen om hulp. Nu is pech nooit leuk, zelfs niet bij wijze van avontuurlijke onderbreking van een reis door het zuiden van Marokko, maar we blijken het voorval zo te hebben uitgekiend dat de dichtstbijzijnde bandenspecialist op slechts een minuut wandelen is. De uitbater van de uitspanning trommelt een man in overall op. Deze kijkt bedenkelijk naar het reservewiel dat wij van verhuurder Hertz hebben meegekregen. Van een ander metaal en ontwerp dan de andere wielen en daarom af te raden. De band zelf moet verwisseld, en daarvoor moet hij naar zijn werkplaats. Hij belt nog een hulpje en samen rollen zij het goede wiel met klapband en het verkeerde wiel met goede band naar de werkplaats. Heel koloniaal gaan wij ondertussen een kopje muntthee drinken. Uiteindelijk valt het oponthoud mee en rijden we, iets voorzichtiger, naar afslag Dadèskloof. De laaghangende zon werpt lange schaduwen door de steeds smaller wordende kloof. Links en rechts rijzen hoge rotsen in okertinten op en zo nu en dan een kasba in dezelfde kleuren. Een kasba is een kleine, traditionele burcht van stampaarde, met vierkant grondplan en hoge, naar boven iets terugwijkende muren om rovers en wilde beesten buiten te houden.

In de laatste schemering bereiken we Auberge Chez Pierre, een tegen de rotsen aangeplakte herberg. Het blijkt algauw een *Fawlty Towers*: de verwarming in het etablissement op vijftienhonderd meter hoogte is ontoereikend en 's avonds zitten we dan ook (net als de andere gasten) met dikke jas en sjaal op onze kamer of in het restaurant. Een verzoek om een straalkacheltje moeten we enige keren herhalen. De wet van V's moeder – nergens zo koud als in warme landen – gaat ook hier op. Bij het schoonmaken van de kamers gaat eveneens het een en ander mis (in ons geval: geheel overgeslagen). Maar de stijlvolle inrichting, de uitstekende keuken en het uitzicht maken veel goed. Iets beters is er trouwens niet in de kloof, aldus reisgidsen en internetrecensies. De herberg is dan ook voor de komende weken volgeboekt, terwijl andere etablissementen, blijkt later, leeg staan. De uitbater heeft ook familie in Nederland (Alkmaar), zoals veel Marokkanen hier. De volgende dag rijden we dieper de kloof in. Hier en daar hangen de rotsen tot over de weg. Door de regen- en sneeuwval van de afgelopen weken is het asfalt op veel plaatsen weggespoeld. Ook zijn sommige stukken ondergelopen. Maar met wat volharding bereiken we Msemrir, rijdend door een afwisselend landschap van kale, machtige rotsen, vergezichten op de witte Hoge Atlas en vruchtbare kaveltjes langs de beek. Vanaf Msemrir kun je alleen nog te voet, per ezel of met terreinwagen verder. Op een zonnig terras met bergzicht, onder begeleiding van belegen countrymuziek en chansons uit een luidspreker, kunnen de jassen uit en bestellen we muntthee met Berber-omelet; iets anders hebben ze niet. We blijven nog een dag in de kloof. V wandelt de bergen in, terwijl A op de – inmiddels wat behaaglijkere – kamer nog wat zaken voor kantoor regelt. V komt langs verlaten kasba's waar geiten grazen en langs grillige, steil oprijzende rotsformaties, waarin reisschrijvers en terrasuitbaters uit de streek apenvingers herkennen. Vingers of niet, het ruige landschap is geheel verlaten. Hoe hoger V klimt, des te weidser het uitzicht op de witte bergkammen van de Hoge Atlas. Na afloop neemt hij de enige beschikbare maaltijd: Berber-omelet.

Het is tijd het gebergte weer te verlaten. We trekken naar Aït Benhaddou. Dat is een uiterst schilderachtig oord, waar ook bekende films als *Gladiator* zijn opgenomen. Eigenlijk is het dorp meer een verzameling oude kasba's tegen de helling van een heuvel, bekroond met een tot steenhopen vervallen burcht. Er wonen nauwelijks meer mensen, met uitzondering van enige tapijt- en souvenirverkopers (en een theeschenkster, blijkt later). We nemen onze intrek in Café Bagdad, aan gene zijde van de rivier waaraan Aït Benhaddou ligt. De naam is wat misleidend, want het is geen café en het ligt ver van Bagdad. De huidige eigenaar, een Franse Marokkaan, herkende zich echter in de gelijknamige film, waarin een verlopen hotel er weer bovenop wordt geholpen. Met zijn Franse vrouw en kinderen (die hard Arabisch aan het leren zijn) probeert hij hier een nieuw bestaan op te bouwen. Vanaf het dakterras hebben we goed uitzicht op de heuvel en zijn kasba's, maar de kunst is daar ook op die heuvel te komen. Daartoe moet men het water over. De brug is een stuk omlopen, dus nemen we de 'zandzakkenroute'. In de snelstromende rivier hebben de neringdoenden in tapijt en souvenirs hopen zandzakken op paslengte van elkaar gestort, waaroverheen we kunnen lopen (en soms springen). Gelukkig komen we met droge voeten aan, iets waar tot leedvermaak van omstanders niet iedereen in slaagt. Een zwaarbeladen rugzaktoerist besluit uiteindelijk zelfs maar te gaan waden. Overal in het dorp worden allerlei prullaria verkocht, maar iets eetbaars is nergens te krijgen. Tot we een vrouw tegenkomen bij een bordje *salon de thé* (van een salon echter geen spoor) en haar uitleggen dat we trek hebben. Zij leidt ons naar het kale terras van haar woning, spreidt een tapijt uit, en wil best wat eieren door elkaar klutsen. Even later serveert ze thee met … Berber-omelet.

De volgende halte is Taroudannt. Deze stad staat ook bekend als Klein Marrakesh. Dat kleine is zeker terecht, en een overeenkomst met Marrakesh is dat er een kolonie Europeanen is neergestreken die vervallen riads tot bekoorlijke pensionnetjes omtoveren. Maar voor de rest heeft het de rust van Goes op zondag (niets ten nadele van dit Zeeuwse streekcentrum natuurlijk). De grote attractie van de stad vormen de middeleeuwse stadsmuren (bij elkaar zeven kilometer lang) met hun kantelen. Met het verstrijken van de dag wisselen de muren van kleur: van grijs in de ochtend, via wit tussen de middag naar een licht oker en ten slotte terra in de avondzon. De panden binnen de stadsmuren zijn vooral nieuw, en doorgaans lelijk. We logeren in Riad Maia van Henri en Lutz, een Frans-Duitse as. Henri leidt ons in de soek naar het huis van een vroegere rabbijn, waarin nu een coöperatie van Marokkaanse handnijverheidslieden is gevestigd: Aladdin Treasure. We kunnen een paar Berberkleden niet weerstaan. Na vele glaasjes muntthee loven en bieden zijn de kleden ons eigendom. Veel Berbervrouwen weefden vroeger kleden als onderdeel van hun bruidsschat en daarom zijn deze kleden allemaal uniek: ze vormden feitelijk de Tinder-pagina van de jongedames van toen: het profiel waarmee ze zich aanprezen aan de toekomstige echtgenoot. Nieuwere tapijten worden vooral als inkomstenbron geproduceerd. Het is wel oppassen, want veel nieuwe kleden worden als antiek verkocht. Na twee nachten verlaten we Taroudannt westwaarts over een keurige vierbaansweg. Naar verluid is deze weg er gekomen op aandringen en met een financiële bijdrage van de Franse ex-president Giscard d'Estaing. Die heeft een vakantieverblijf in Taroudannt en wil zich graag vlot van het vliegveld van Agadir daarheen kunnen bewegen.

Mirleft aan de Atlantische Oceaan is onze laatste bestemming. En weer duikt onderweg het bord met 'halt, politie' op. We zijn in Marokko al zeker vijftien keer aangehouden door de politie. Meestal mogen we na het tonen van de papieren weer door. Een keer echter wilden ze ons beboeten wegens een paar kilometer te hard rijden. We schrokken echter zo van het genoemde bedrag (omgerekend 27 euro, waarvan je in dit land wel 60 glaasjes thee kunt drinken of met zijn tweeën vorstelijk kunt dineren), dat we er vanaf kwamen met een waarschuwing. Een golvend asfaltlint voert ons langs kliffen, drooggevallen rivieren en strandjes naar ons verblijf in Mirleft. Auberge Dar Najmat heeft 5 kamers en ligt pal aan het strand. Erik Janssens, de 70-jarige Belgische eigenaar, en zijn 40-jarige Marokkaanse vrouw met C-cup, delen hun tijd tussen Brussel, Casablanca en Mirleft. We raken aan de praat met een EU-ambtenarenechtpaar, hij Italiaans, zij Frans-Algerijns, die vertellen hoe het Europarlement Euro-critici pest. Niet verstandig, vinden zij, die bijna met pensioen gaan. Zo brokkelt de legitimatie van het parlement af. We genieten een weekje van dit miniresort, waar goed wordt gekookt en een waar kerstfestijn wordt aangericht, compleet met kerstboom, kerstcadeautjes voor de gasten en een Berber-muziekgezelschap dat met ons een volksdans inzet. Een mooie afronding van deze winterstop. Net voor nieuwjaar zijn we, met het rolkoffertje in inderdaad de handbagage, weer op honk.

PERU: HET LAND ACHTER EL CONDOR PASA

'De Inca's brachten al mensenoffers voordat de auto was uitgevonden.' Met deze spreuk in het achterhoofd mengen we ons in het drukke verkeer van de Peruaanse hoofdstad Lima. Peru is bij het grote publiek vooral bekend om zijn Andesmuts (in het bijzonder geliefd bij Italiaanse toeristen wanneer het onder de 20 graden is) en zijn panfluitspelers die in verschillende gradaties van tonale onzuiverheid eindeloos *El Condor Pasa* (de condor vliegt voorbij) herhalen. Maar op twaalf uurtjes vliegen van Amsterdam ligt een geweldig land, met lieve mensen en uitstekend eten, en ook de ruïnes van de steden van de Inca's zijn adembenemend. Veel bezoekers aan Peru slaan de vaak in de mist gehulde hoofdstad Lima over. Zonde, want Lima is koloniaal en modern, rauw en verfijnd, droog en toch groen, en, je gelooft het aanvankelijk niet, het culinaire brandpunt van Latijns-Amerika. De stad, gesticht in 1535 door de Spaanse veroveraar Pizarro, is met dat alles zeer de moeite waard. Aanvankelijk heette Lima *la Ciudad de Los Reyes* (de Stad der Koningen), omdat zij op Driekoningen is gesticht. De naam Lima is afkomstig van het Quechua-woord (de nog steeds gesproken taal van de Inca's) *limaq*, wat 'spreker' betekent en wat tevens de naam was van een bekend orakel dat zich bevond op de plaats van de nieuwe stad. Al gauw adopteerde de stad deze veel kortere naam. Lima groeide in korte tijd uit tot een van de belangrijkste bases van de Spaanse overheersing in Peru en zelfs in Zuid-Amerika als geheel. Een groot deel van het koloniale bestuur was hier gevestigd en de nabijgelegen haven Callao was een belangrijke doorvoerplaats voor goederen die van en naar Spanje vervoerd werden. Tot aan de binnenlanden van Argentinië was dit de belangrijkste haven. Vanaf de achttiende eeuw kreeg Lima te maken met een teruggang. In 1746 werd een groot deel van de stad door een aardbeving verwoest, waarbij duizenden mensen het leven verloren. De onafhankelijkheidsoorlogen en daarna de bezetting door Chili, van 1881 tot 1883, veroorzaakten een uittocht uit de stad. Aan het begin van de twintigste eeuw telde de stad nog maar 140.000 inwoners, maar tegenwoordig wonen er weer meer dan tien miljoen mensen.

Ondanks haar kleine afmetingen, is de stadsprovincie Lima aan het begin van de eenentwintigste eeuw nog steeds de grootste industriële en economische krachtcentrale van Peru. Maar aangenaam is de stad het grootste deel van het jaar niet. Met uitzondering van de zomermaanden december tot maart, is de stad gehuld in een deken van laaghangende bewolking en uit de Grote Oceaan komt vaak een dichte mist opzetten die de Peruanen *garúa* noemen. Er kunnen maanden voorbijgaan zonder een straaltje zon, waardoor de stad een troosteloze indruk maakt. Wij verblijven er gelukkig in december en dan is het alleen 's ochtends bewolkt.

De lichte motregen in de wintermaanden is echter voldoende om de sluimerende woestijnplanten in de bergen achter de stad tot leven te brengen. Grote kudden geiten, schapen en koeien profiteren van de resulterende groene weiden. In sommige dorpen in de woestijn wordt bovendien sinds het begin van de jaren negentig de mist opgevangen in grote kunststof netten, waaraan de waterdruppels blijven hangen, en zo wordt drink- en irrigatiewater gewonnen. Om in zo'n droog klimaat in leven te blijven, legden de oude beschavingen aan de Peruaanse kust – zoals de Chimú en de Mochica – geavanceerde irrigatiesystemen aan die, net zoals in het oude Egypte, grootschalige landbouw mogelijk maakten. Hierdoor kon weer een goed georganiseerde samenleving worden opgezet. De steden die de Peruanen in de oudheid bouwden met bakstenen van gedroogde modder waren goed ontwikkeld en hadden piramide-tempels, hoge stadsmuren en waterbekkens. Dankzij de geringe neerslag zijn de ruïnes nog altijd in goede staat, zodat archeologen een nauwkeurig beeld krijgen van het precolumbiaanse leven in Peru. Veel plaatsjes aan de kust zijn bovendien nog altijd afhankelijk van aquaducten en kanalen die vele eeuwen geleden zijn aangelegd. Daarnaast zorgen moderne irrigatieprojecten ervoor dat er voldoende water naar de woestijn stroomt om allerlei gewassen te verbouwen, zoals katoen, rijst, maïs, suikerriet, druiven, olijven en asperges. Tegenwoordig woont meer dan de helft van de 27 miljoen Peruanen in de smalle strook aan de kust.

De betere hotels in Lima zijn te vinden in Miraflores, een wijk die in Nederland vooral bekend is dankzij het criminele exportproduct Joran van der Sloot, die er woonde voordat hij naar de gevangenis verhuisde. Wij verblijven echter niet in een van de grote luxehotels aan de zeeboulevard, waar Joran zijn jongste moord pleegde, maar in een kleiner boetiek-achtig hotel een paar straatjes daarachter. Miraflores trekt niet alleen toeristen, ook de meer welgestelde middenklasse heeft deze wijk tot haar residentie genaakt. Er zijn dan ook volop cafés, restaurants, winkelcentra en boetiekjes waar je met een plastic pasje mag betalen. Alleen al voor het uitzicht over zee is het halfopen winkel- en bioscoopcentrum Larcomar de moeite waard. Ook in groen is Miraflores ruim voorzien, want de welgestelde Limeño wil immers ook wel eens een parkje pakken. Er is tevens aan diens gezondheid gedacht: op de kliffen hoog boven de hier overigens niet zo Stille Zuidzee loopt een hardlooppad door een rijgsnoer van plantsoentjes, om de zoveel passen voorzien van fitnesstoestellen. Wat wil een mens met een zittend beroep nog meer? Overigens is het hier wel oppassen voor mountainbikers die je zo van je duurbetaalde hardloopsokken rijden. En om tot slot ook wat bij te dragen aan de geestelijke verheffing van de Limeño staan langs het pad kunstwerken van beroemde Peruaanse kunstenaars opgesteld. Zo is er op de route een niet te missen beeldhouwwerk van Víctor Delfín te aanschouwen: een buitenproportioneel stelletje in innige omhelzing. Het omringende plantsoentje heet dan ook Parque del Amor (Liefdespark). Het ontwerp lijkt overigens verdacht veel op een hoekje uit het Barcelonese Parque Güell, ontworpen door Gaudí.

Miraflores huist ook Zijne Majesteits ambassade, ondergebracht in een torenflat aan de boulevard, met een wijds uitzicht over de baaien van Lima, van de haven van Callao in het noorden, tot voorbij Chorrillos in het zuiden. De ambassadeur vertelt ons dat er in Peru ongeveer vijfhonderd Nederlanders wonen. Zo'n twintig procent van hen zit in de gevangenis, vrijwel allemaal voor drugshandel. Op die ene na natuurlijk, die voor moord zit.

Lima heeft meer inwoners dan de drie Randstedelijke provincies bij elkaar, terwijl het heel wat minder vierkante kilometers beslaat. Het voelt echter vele malen uitgestrekter dankzij het regelmatig verstopte wegennet, waardoor het uren kan kosten om van de ene kant naar de andere kant te reizen. Onze tocht naar de binnenstad verloopt echter vlot, volgens de taxichauffeur omdat het zondagochtend vroeg is. Zoals in alle koloniale steden in deze contreien ligt midden in de stad een rechthoekig plein met de naam Plaza de Armas en met een kathedraal aan een van de zijden van het plein. 's Zondags is de kathedraal niet voor toeristisch bezoek toegankelijk, maar omdat er toevallig net een mis ter ere van de plaatselijke brandweer begint, weten we toch naar binnen te glippen om het interieur en de brandweerlieden in uniform (de helmen hadden ze uit eerbied voor het geloof afgenomen) te bewonderen. Het rococo kerkkoor trekt onze bijzondere aandacht en niet alleen wegens de goed gekozen alliteratie. In de buurt van de kathedraal staan nog verschillende andere katholieke heiligdommen, waarvan we hier het klooster van de heilige Franciscus noemen. Dit klooster is behalve om zijn barokke architectuur, bekend om zijn verzameling oude boeken, gerangschikt in een zeventiende-eeuwse, houten bibliotheek met dubbele galerij die op verzoek te bezichtigen is, en om zijn verzameling botten van naar verluid zo'n 70.000 overledenen die ooit in de catacomben onder het klooster begraven lagen. Toen de catacomben in de vorige eeuw werden herontdekt, en het vlees van de lijken allang was vergaan, hebben de archeologen de botten netjes opnieuw gerangschikt: schedels bij schedels, mergpijpjes bij mergpijpjes, enzovoort.

We zijn ook ruimschoots op tijd voor de wisseling van de wacht bij het presidentieel paleis, dat aan een andere zijde van het Plaza de Armas ligt. Onder begeleiding van een legerkapel die El Condor Pasa speelt (ook nu zo vals als een natte piano), wisselen klokslag kwart voor twaalf landmacht en marine elkaar af. Over die marine gesproken, die vaart hier nog steeds met onze oude kruiser HMS De Ruyter, inmiddels omgedoopt tot de Almirante Grau, een Peruaanse zeeheld naar wie ook overal straten zijn vernoemd. In Lima heeft zelfs elke deelgemeente wel een Avenida Almirante Grau, hetgeen nogal verwarrend is als je niet precies weet in welk stadsdeel je moet zijn. Zodra de legerkapel met salsawijsjes begint, wagen enkele toeschouwers een dansje en nemen wij snel de benen richting lunch. In antiek eethuis El Cordano bestellen we ceviche: rauwe vis, gemarineerd in limoen en olie. Dat bevalt en er zullen tijdens onze reis nog veel ceviches volgen.

Niet alleen heeft Lima veel Spaans-koloniaal erfgoed, ook uit de Inca-tijd onmiddellijk daaraan voorafgaand en van andere precolumbiaanse culturen is nog het een en ander over, zij het vooral opgeborgen in musea. Het Museo Larco, een particuliere instelling in een witgepleisterd koloniaal paleisje, spreekt ons aan. Het bevat een uitgebreide verzameling textiel, zilver, goud en aardewerk van vele eeuwen voor de gewone jaartelling tot aan de Spaanse verovering in de zestiende eeuw. Het aardewerk varieert van aardig klein tot kunstig gewrochten kruiken en potten in de vorm van mensen, maiskolven en dieren. Ook zien we reusachtige gouden oor- en neusversieringen van de Inca-edelen: oorstekers zo dik als een rol euro's (een mode die later is overgenomen door punks, inclusief de bijhorende uitgerekte oorlellen) met bellen daaraan zo groot als schotels. Goud en andere edelmetalen hadden voor de Inca's geen materiële waarde, maar dienden als statussymbolen voor de betere kringen. Edelmetalen glimmen en dat duidde op een goddelijke afstamming (goud van de zonnegod, zilver van de maangod). Het gewone volk, zo dat al een edelsmid kon betalen, was het daarom streng verboden gouden of zilveren voorwerpen te dragen. Het schitteren was voorbehouden aan de elite. In een bijgebouwtje, afgezonderd van de rest van de collectie, staat het erotische keramiek van het Moche-volk uitgestald. Kruiken in de vorm van parende stellen, sommige in onwaarschijnlijk acrobatische standjes, en onanerende mannen; wie ongemakkelijke momenten met zijn kinderen wil vermijden, kan het gebouwtje eenvoudig voorbij lopen. Enkele Amerikaanse bezoekers op leeftijd die toch de stap naar binnen waagden, beginnen zenuwachtig te giechelen.

De tweede stad van het land is Arequipa, gelegen aan de voet van de volmaakt kegelvormige vulkaan Misti. Het is een kleine twee uur vliegen van Lima. Arequipa wordt ook wel de witte stad genoemd, omdat de binnenstad is opgetrokken uit wit, vulkanisch tufsteen. Ook hier ligt in het centrum van de stad een rechthoekig Plaza de Armas met kathedraal. De van oorsprong zeventiende-eeuwse kerk is vele malen herbouwd en opgelapt na even zovele aardbevingen, waarvan de laatste in 2001. De stijl is dan ook eclectisch te noemen. Bezoektijden zijn een uurtje in de vroege ochtend en een uurtje in de namiddag, dus meestal sta je voor een dichte deur. Dat geeft niet, want zodra de kerk wordt vergrendeld, gaat het aanpalende aartsbisschoppelijk museum juist open en ook deze instelling geeft toegang tot de kathedraal, al moeten we dan alleen wel een museumkaartje kopen. Het museum huisvest een rijke collectie religieuze schmuck, waaronder een formidabele zilveren pelikaan met glimmende steentjes. De privérondleidster – we zijn de enige bezoekers – vertelt ons dat de pelikaan de katholieke kerk verbeeldt. Hij verzamelt in de zak onder zijn bek meer voedsel dan hijzelf op kan en deelt de rest uit aan zijn jongen en andere behoeftigen. Ze lijkt er zelf in te geloven en klikt parmantig met haar hakjes op de stenen vloer, totdat ook wij beleefd onze instemming betuigen. In de kathedraal zelf vallen de beelden van de twaalf apostelen op. Sommige reisgidsen vermelden dat de beelden van marmer zijn, maar niet heus, zegt onze rondleidster. Ze zijn van gips, met aan de buitenkant een laag vermengd met honing om het zaakje aanvaardbaar te laten glimmen.

Om de hoek van de kathedraal staat het eeuwenoude Katelijneklooster, de grootste bezienswaardigheid van de stad. Er schijnen nog een paar nonnen te wonen, maar die krijgen we niet te zien. Het geheel ommuurde klooster is een stad in een stad, met eigen straatjes, pleintjes, hofjes, kerk, kapelletjes en alles wat je verder zoal bij een klooster mag verwachten. Vroeger kwamen veel nonnen hier uit de betere kringen en die konden de Here uiteraard niet dienen zonder de hulp van een handvol bedienden, voor wie hier dan ook een plekje moest worden gevonden. Alleen vrouwen natuurlijk, voor mannen was het klooster verboden terrein. Een ver familielid van de beroemde Peruaanse schrijver Mario Vargas Llosa kwam een eeuw of twee geleden op haar twaalfde als novice in dit klooster terecht, samen met twee slavinnen en een speelkameraadje. Na acht jaar ontvluchtte het speelkameraadje het klooster door over de muur te klimmen. En een van de slavinnen kreeg zo genoeg van het afgezonderde leven, dat ze na een tijdje uit protest weigerde te spreken. Het familielid van Vargas Llosa vond dat niet erg. Haar leven bestond toch vooral uit bidden, schorten naaien voor de armen van Arequipa en koekjes bakken voor de rijken. Het Teresaklooster, dat we hierna bezoeken, is met zijn eeuwenoude muurschilderingen zeker zo interessant, maar een stuk minder bekend. Wij zijn de enige bezoekers, samen met een Peruaanse naakthond met geborduurd dekje, die onze gids vergezelt.

Een grote bezienswaardigheid in de stad is het IJsmeisje. Zij ligt in een glazen vrieskist in een museum en heet Juanita , vernoemd naar haar opgraver, de onderzoeker Johan (Juan in het Spaans) Reinhard. Net toen hij hoog in de Andes op expeditie was, barstte er een vulkaan uit. De hete as deed een metersdikke laag sneeuw smelten, en daardoor kwam Juanita's grafje bloot te liggen. Zij was een mensenoffer uit de Incatijd. Om de goden te behagen, offerden de Inca's uitsluitend kinderen uit de betere kringen; met armer grut namen de goden geen genoegen. Doordat ze na de rituele moord op de bergtop snel bevroor, is haar lichaam in goede staat gebleven. Rondom de vrieskist wordt een boeiende uitleg gegeven over de cultuur van de Inca's. We zien onder meer textiel met pelikaanmotieven. De pelikaan was een heilige vogel voor de

Inca's. Denkend aan de pelikaan die we in het aartsbisschoppelijk museum zagen, stellen we onze rondleidster de vraag of de katholieke kerk misschien Incasymbolen heeft overgenomen om het nieuwe geloof zo aanvaardbaarder te maken voor de oorspronkelijke bevolking? Ze kijkt ons bevreemd aan en vraagt of we niet de christelijke duif bedoelen. Wij schudden van nee, waarna zij verdergaat met uitleg over een gouden lamabeeldje, want van het christendom heeft ze niet zoveel verstand. Na al deze culturele inspanningen krijgen we trek. In restaurant Chicha worden we bediend door een ober die zo uit de Britse televisieserie Upstairs Downstairs lijkt te zijn weggelopen, als de butler van de familie Bellamy. Met uitgestreken gezicht raadt hij ons aan om voor de niet op de kaart staande cavia te kiezen, een nationale lekkernij. Het dier komt in zijn geheel (inclusief pootjes en kop met knaagtandjes) op tafel. Flink kluiven (zoals bij kwartel) en goed mals vlees.

Van Arequipa reizen we verder naar het zuiden, naar Puno, aan de oever van het Titicacameer. Het is zonder meer de lelijkste toeristenstad die we in tijden hebben gezien. Het enige aardige is een folkloristische dansvoorstelling in restaurant Balcones de Perú: energiek, kekke kostuums en een bijzonder getalenteerde panfluitist in poncho. De enige reden om de stad toch te bezoeken is dat zij de vertrekhaven is van een tochtje over het Titicacameer, naar verluid 's werelds hoogst gelegen, bevaarbare meer (op ruim 3800 meter). We varen eerst naar de Uros-eilanden. Dit zijn drijvende plukken riet, waarop mensen wonen in rieten hutjes. Je moet goed kijken waar je loopt, want als je op een rotte plek stapt, heb je natte voeten. De voornaamste bron van inkomsten voor de bewoners is de verkoop van zelfgemaakte snuisterijen aan toeristen. De omroeper op de boot, die met ons is uitgestapt, wijst er met nadruk op. Tevergeefs, want het is niet helemaal onze smaak. Verder vangen de rieteilandbewoners vis, die ze op de wal ruilen tegen aardappelen. Met de teleurgestelde omroeper varen we door naar het eiland Taquile, niet ver van de Boliviaanse binnenwateren. Het aardige van dit eiland zijn de gebreide mutsen van de mannen: rood voor de getrouwde man, en rood met wit voor de vrijgezel. Zo weet je wat voor vlees je in de kuip hebt.

Een stuk interessanter dan Puno is Cusco, ooit de hoofdstad van het Incarijk. In zijn bloeitijd in de vijftiende eeuw strekte het rijk van de Inca's zich van Zuid-Colombia uit tot midden-Chili. Tegenwoordig is Cusco een provinciestad met een betoverend koloniaal centrum. Aan de gebruikelijke Plaza de Armas staat natuurlijk weer de net zo gebruikelijke kathedraal, zij het dat hij dit keer bovenop een voormalig Incapaleis is neergezet. Zoals veel andere koloniale gebouwen hier, is de kathedraal opgetrokken uit de resten van gesloopte bouwwerken van de Inca's. Waarom zelf stenen houwen, als een ander dat al voor je heeft gedaan? De Spanjaarden hebben overigens lang niet alle Incabouwwerken gesloopt, wellicht ook omdat de stenen gewoon te zwaar waren. Sommige wegen een paar ton per stuk. Een hele prestatie van de Inca's om die te vervoeren, te meer daar ze het wiel niet kenden. Een mooi voorbeeld van hoe de Inca's bouwden is de vesting Sacsaywamán (Engelstaligen denken vaak dat je dit als sexy women uitspreekt, maar dan word je heel ergens anders naartoe gestuurd!), net ten noorden van de stad. De drie rijen zaagtandmuren van de vesting zijn nog geheel intact. De veelhoekige stenen sluiten zo naadloos op elkaar aan, dat wij er zelfs geen papiertje tussen krijgen.

Het toegangskaartje tot de kathedraal geeft recht op een audiorondleiding, maar desondanks worden we door verschillende mensen aangesproken die zich uitgeven als gids. Misschien betalen sommige bezoekers liever voor een levende stem dan voor een ingeblikte, maar wij zijn heel tevreden met onze koptelefoons. We zullen hier niet uitweiden over de prachtige zilveren en vergulde altaren, die op zich al een bezoek waard zijn. Onze aandacht ging al snel uit naar een schilderij van het laatste avondmaal. Want wat lag er op het bord van Jezus en zijn apostelen? Precies! Cavia! Feestelijk opgediend met zijn pootjes omhoog. Al in de Incatijd gold het knaagdier als een bijzonder, zelfs heilig hapje en dat wist de schilder natuurlijk ook. Zo werd niet alleen de pelikaan, maar ook de cavia het katholicisme binnengevoerd. We willen graag een plaatje van deze maaltijd met knaagdier, maar het is verboden om in de kerk te fotograferen. Wij vermoeden dat dit is om de verkoop van ansichtkaarten en fotoboeken te bevorderen, en inderdaad staat er bij de uitgang een kraampje met bedrukt papier. De afbeeldingen zijn echter van zulks een bedroevende kwaliteit dat we ons niet tot enige aanschaf kunnen bewegen. Wel opperen wij aan de verkoopster dat we graag zouden betalen voor een fotografeervergunning. "Dat wil de aartsbisschop niet", luidt het korte antwoord.

Haaks op de kathedraal staat de in de zeventiende eeuw herbouwde Compañiakerk van de jezuïeten. De kerk heeft een opvallende churrigiereske gevel. Zij die hebben opgelet bij de avondcursus kunstgeschiedenis weten natuurlijk meteen wat dit betekent: uitbundige Spaans-koloniale barok, waarbij geen vierkante millimeter onversierd wordt gelaten. Toen het gevelplan van de jezuïeten destijds de aartsbisschop van Cusco ter ore kwam, was hij ontstemd. Die gevel zou, volgens de smaak van die tijd, nog fraaier worden dan die van de aartsbisschoppelijke kathedraal en dat kon natuurlijk niet. Het conflict liep zo hoog op, dat de paus eraan te pas moest komen. Die besliste in het voordeel van de aartsbisschop. Tegen de tijd dat die beslissing uiteindelijk per zeilschip en paard Cusco had bereikt, was de jezuïetenpronkgevel echter al voltooid. De jezuïeten waren ook in ander opzicht zelfverzekerd. In hun kerk staat een, eveneens churrigueresk, hoofdaltaar met helemaal bovenin een afbeelding van God, als een soort bol hoofd op een wolk. Net daaronder is een afbeelding van Ignatius van Loyola, de stichter van de jezuïetenorde, met een eindje daaronder Jezus. De rangorde is duidelijk.

Ruwweg halverwege Cusco en Machu Picchu ligt het Heilige Dal, vernoemd naar een rivier die in het Quechua de Heilige Rivier werd genoemd, maar die sinds de koloniale tijd de Urubamba heet. Dit dal was het landbouwhart van het Incarijk. Nog steeds is het een vruchtbaar gebied, met overal maïs- en aardappelvelden, gewassen die hier van oudsher groeien. De aardappel komt van oorsprong zelfs uit Peru. Ze telen er in dit land wel 4.000 variëteiten van, in allerlei kleuren, smaken en vormen. Een maaltijd is hier niet compleet zonder aardappel. Gekookt of als puree zijn de lokale piepers zeer aan te bevelen, maar om te frituren zijn ze ongeschikt, aldus het hoofd van het Peruaanse aardappelinstituut, met wie A sprak. Friet is in Peru inderdaad een slappe bedoening, tenzij je naar een van de betere restaurants gaat, waar ze geïmporteerde frietaardappelen gebruiken. En die komen dan weer uit Nederland. De landbouwsector in Peru is er niet onverdeeld gelukkig mee dat Nederland er met een Peruaanse knol vandoor is gegaan, maar ja, dan hadden ze die ook zelf maar aan moeten passen aan de wereldwijde vraag naar friet. Na de val van het Incarijk heeft de verdere ontwikkeling van de aardappel hier echter eeuwen stilgestaan.

De Inca's zelf waren evenwel meesters in het genetisch modificeren van de aardappel. Te Moray in het Heilige Dal beschikten zij over een landbouwkundig laboratorium, een soort Wageningen of Monsanto avant la lettre. In een kom in het landschap hadden zij ringvormige terrassen aangelegd met, naarmate je afdaalde, steeds lagere temperaturen en wisselende verhoudingen tussen schaduw en zon. Zo onderzochten ze welke aardappel of maïsplant voor welk klimaat het geschiktst was. Wij verblijven in Green House in het gehucht Huarán. De Iers/Engelse Brian en zijn Argentijnse partner Gabriel hebben een paradijsje gemaakt van dit pension met vier gastenkamers. Door de parkachtige bloementuin vliegen kolibries, in onze kamer ligt een vacht van de allerzachtste baby-alpaca (de alpaca is, net als de lama, het kleine Andesneefje van de kameel), als we 's avonds even de kamer uit zijn krijgen we zomaar een warme kruik in bed en een straalkacheltje ('s nachts koelt het af tot een graad of twaalf) en Gabriel kookt zo lekker dat we besluiten hier maar elke avond te blijven eten. Daar hebben we dan gezelschap van de drie honden, waarvan

Laika de aanhankelijkste is. Ze laat zich graag door A vertroetelen (wellicht ter compensatie van haar moeilijke jeugd: de vorige eigenaar had haar verwaarloosd) en V gaat onder haar begeleiding de bergen in boven het Heilige Dal.

Op de markt in het nabije Pisac kopen we sloffen en een grote vacht van baby-alpaca. We onderhandelen keihard om niet de gringo-prijs te hoeven betalen. Er gelden namelijk drie tarieven: een voor de toerist die geen Spaans spreekt (drie keer wat een inboorling betaalt), een voor de buitenlander die wel Spaans spreekt (twee keer het lokale tarief) en een voor de Peruaan. Maar toen V met zijn alpacasloffen aan net deed alsof dat twee verliefde langharige cavia's waren, brak het ijs bij de verkoopster. We kunnen het spul uiteindelijk meekrijgen tegen lokaal tarief (bleek volgens een aantal onafhankelijke bronnen die we daarna hebben geraadpleegd). Hoe lang Brian en Gabriel nog in Green House zullen blijven is de vraag. Er is een aantrekkelijk bod uitgebracht op hun pension. De afgelopen jaren zijn de grondprijzen in deze streek namelijk omhooggeschoten. Het Heilige Dal is in trek geraakt bij westerse hippies, van wie sommigen genoeg geld hebben om huizen te kopen of te laten bouwen. Terwijl ze in Europa zo goed als verdwenen zijn uit het straatbeeld, zijn de hippies, met hun blonde rastastaarten en harembroeken, in drommen hierheen getrokken.

Machu Picchu. Deze voormalige stad en zomerresidentie van de Incakeizers is het hoogtepunt van onze reis. Machu Picchu is alleen te voet te bereiken (vier dagen over het Incapad vanuit het nog levende Incastadje Ollantaytambo) of per trein (drie uur vanuit Cusco of anderhalf uur vanuit Ollantaytambo: wel reserveren, want er is maar beperkt plek). We nemen de trein die door het steeds nauwer wordende Heilige Dal slingert, en komen aan te Aguas Calientes, de toegangspoort tot Machu Picchu. Dagelijks persen zich meer dan tweeduizend koopkrachtige toeristen door dit dorpje richting de oude Incastad, waardoor het alle kenmerken vertoont van een toeristenfuik. De middenklassehotels beginnen bij 400 dollar per nacht, of anders ben je aangewezen op de vele nog wel betaalbare gribussen die het oord telt. We kiezen toch maar voor het laatste, onder het motto dat we de kamer alleen maar nodig hebben om te slapen. Onze gribus is gelukkig schoon en tamelijk rustig: het raam kijkt uit op een blinde muur op een meter afstand. Veel toeristen kiezen ervoor om het hoteldilemma te omzeilen door Machu Picchu als dagtocht te bezoeken. Het voordeel van overnachten in Aguas Calientes is echter dat je dan in alle vroegte naar de ruïnes kan, nog voor de eerste treinen en wandelgroepen van het Incapad opduiken. Dat blijkt een goede zet. Voor achten staan we al bij de ingang van de ruïnestad, gelegen op een plateau boven Aguas Calientes. Het is stil, de mist is zojuist opgetrokken, slierten nevel hangen om de omliggende bergtoppen, wat de entourage alleen maar ten goede komt. We huren een gids, die behoorlijk deskundig blijkt (dat is namelijk maar afwachten, werd ons van tevoren verteld). Onze Sonia voert ons langs de landbouwterrassen (de keizer en zijn gevolg moesten vers gevoed met de beste gewassen), verschillende tempels en observatoria voor (onder meer) de zonnewende. Zo bepaalden Incapriesters, aan de hand van metingen van de hoek waarmee de zon op aarde scheen, de geschiktste tijd om te zaaien. De Inca's waren in staat om hun gehele bevolking goed te voeden, iets wat in de eeuwen daarna, ondanks de decimering van de bevolking als gevolg van de Spaanse verovering, niet meer is gelukt. We klauteren langs het ingenieuze fonteinen- en waterleidingstelsel van Machu Picchu dat nog deels intact is. In zijn paleis had de keizer een eigen wc, een grote luxe in de vijftiende eeuw. Sonia leidt ons verder langs de jongensschool (waar adellijke Incajongens onder meer het maken van quipus leerden, een methode om met knopen in touwtjes hoeveelheden en locaties vast te leggen – handig om te weten hoeveel aardappelen waar liggen opgeslagen of hoeveel soldaten waar zijn gelegerd) en de meisjesschool (waar, heel klassiek, het weven werd onderwezen). Na nog een enkele tempel neemt Sonia afscheid. A inspecteert vervolgens een landbouwterras en raakt daar aan de praat met een Belgische Amerikaan die op zijn zeventigste in zijn eentje Peru met de auto doorkruist.

Hij vertelt dat hij zelfs in de kleinste dorpjes altijd onderdak vindt, en wel bij mensen thuis. Zo kun je het land ook leren kennen. V trekt ondertussen over een stuk Incapad, richting de hooggelegen Zonnepoort, een oude wachterspost. Vandaar heb je een adembenemend uitzicht over de stad die de Spaanse veroveraars nooit hebben ontdekt en dus ook niet hebben kunnen plunderen. Daarom staat er nog zoveel overeind.

We brengen de laatste dagen weer in Lima door, waar we logeren in de pippilangkousvilla Casa Delfin van kunstenaar Victor Delfin (die van het Liefdespark in Miraflores). Het huis ligt bovenop de kliffen van het stadsdeel Barranco. De villa en tuin zijn tevens galerie voor zijn beelden en schilderijen, alleen door gasten vrij te bezichtigen. Door de hoge openslaande deuren waait de zeelucht onze kamer binnen. 's Nachts zien we aan de overzijde van de baai een reusachtig verlicht kruis, eens opgericht ter ere van een of ander pauselijk bezoek. We hebben de volgende dag een afspraak met Ester Ventura, een Argentijnse ontwerpster van onder meer zilveren sieraden met originele precolumbiaanse elementen, die in Lima is blijven hangen. Ze exposeert en verkoopt wereldwijd. A informeert naar een ring. Helaas resteert te weinig tijd voor het ontwerp en het smeden. Geeft niet, we kijken met bewondering naar haar grote verzameling stenen beeldjes uit de Incatijd en van nog oudere precolumbiaanse culturen: idooltjes, vogeltjes, poemaatjes, en zelfs een paar juichende kikkertjes. De laatste twee dagen besteden we aan luieren, lekker eten en het strandje van Barranco. De culturele boog heeft wel wat ontspanning verdiend voordat we het nieuwe jaar ingaan.

ISRAËL EN JORDANIË:
REIS LANGS DE RAND VAN EEN CONFLICT

'Wie de wijsheid zoekt, is wijs. Wie denkt de wijsheid gevonden te hebben, is een dwaas.' Deze oude Joodse wijsheid is relevant wanneer je reist door Israël, een land waar we beiden al eerder waren, zij het nooit samen. Bij deze wijsheid past ook een pragmatische instelling en wie erom vraagt, krijgt bij binnenkomst zijn visum op een los inlegvelletje in zijn paspoort. Zo kun je later zonder problemen naar Iran reizen of naar de Arabische landen, die formeel nog altijd in oorlog zijn met de Joodse staat. Israël grenst aan Libanon, Syrië, Jordanië, de Palestijnse gebieden en Egypte. Het land, ongeveer half zo groot als Nederland, heeft een kust aan de Middellandse Zee en een haven annex badplaats aan een klein strookje Rode Zee. Het is de enige democratie in het Midden-Oosten en scoorde in 2014 het hoogst van de landen in het Midden-Oosten op de ontwikkelingsindex van de Verengde Naties (inclusief levensverwachting), hoger dan de veel rijkere Golfstaten. Het langgerekte land heeft met enige fantasie de vorm van een dolk. Van noord naar zuid meet het 412 kilometer, van oost naar west is de grootste afstand 130 kilometer, maar in het dichtbevolkte midden is Israël niet breder dan 15 tot 25 kilometer. Dat laatste illustreert waarom Israël de Westoever van de Jordaan niet snel aan de Arabieren zal overdragen. Als op die locatie een Israël vijandig gezind ISIS-achtig regime komt, bereiken de raketten elke plek in het land. De Westoever is dus een strategische buffer, hoe problematisch ook.

Op reis in onze huurauto door dit kleine stukje aarde, komen we verschillende landschappen tegen. Langs de Middellandse Zee ligt een smalle kustvlakte, die alleen bij Haifa onderbroken wordt door het Karmelgebergte. Achter deze vlakte ligt een bergachtig gebied dat van Libanon in het noorden tot in de Sinaï-woestijn loopt. Het zuiden van Israël is een deel van die woestijn, die hier de Negev heet. Deze beslaat bijna de helft van het Israëlisch grondgebied en is grotendeels een hoogvlakte, gelegen op 300 tot 600 meter boven de zeespiegel. Toch is er ook in de Negev landbouw, met uitgekiende ondergrondse irrigatiestelsels. In Bijbelse tijden had Israël veel meer bos dan nu. In de loop der eeuwen zijn veel bomen gekapt om ruimte te maken voor landbouw, die vervolgens op zijn beurt weer verdween omdat er geen wortels meer waren die de vruchtbare bovenlaag van de bodem vasthielden. Ook de vele oorlogen die sinds oudtestamentische tijden in dit gebied zijn gevoerd hebben hun tol geëist. De kuststrook van Israël is nog vrij groen, maar hoe verder je naar het oosten en zuiden gaat, des te schraler wordt de begroeiing. Er zijn echter redelijk succesvolle herbebossingsprogramma's, uitgevoerd met geld van het Joods Nationaal Fonds. Vooral in het noorden van het land rijden we kilometerslang door bossen die in de afgelopen vijftig jaar zijn aangeplant. Voor zo'n klein land heeft Israël ook een heel divers klimaat. In het noorden valt vrij veel neerslag, in het zuiden juist erg weinig. Aan de kust voelen we dat de wind van zee verkoeling brengt, in het zuiden is het overdag buiten de auto met airco zweten, ook in de winter.

We maken een uitstapje naar Petra in Jordanië. Het passeren van de grens gaat efficiënt. In een half uurtje worden twee keer onze koffers doorgelicht, twee keer de paspoorten gecontroleerd, er wordt een visum verkregen en (verplicht) geld gewisseld en we slepen honderden meters met onze bagage, want alleen aan de Israëlische kant zijn er karretjes, niet aan de Jordaanse. Heel anders is het voor de Israëlische rallyrijders die wij de grens zien oversteken. Die moeten hun nummerborden van de auto's schroeven en vervangen door de van tevoren bestelde Jordaanse kentekens. Anders zou de auto op Jordaans grondgebied wel eens door een steen kunnen worden getroffen. Maar voor ons staat de van tevoren bestelde taxi aan Jordaanse zijde klaar en door een steeds dichtere mist rijden we naar de antieke stad Petra. We waren eerst bang dat ook de oudheden daar in mist gehuld zouden zijn, maar vlak voor aankomst klaart het gelukkig op. We hebben het zo uitgemikt dat ons hotel vlak bij de ingang van de bezienswaardigheden ligt en meteen na aankomst huren we een gids die ons de eerste twee uur rondleidt. Petra werd 2000 jaar geleden bewoond door de Nabateeërs, een volk van handelaren dat het zuiden van het huidige Jordanië bewoonden. Hun hoofdstad Petra lag op een aantal belangrijke karavaanroutes van noord naar zuid en naar de Middellandse Zee. Zodoende kwamen zij in aanraking met volkeren en culturen uit de wijde omgeving en namen ze veel van hen over. De Nabatese cultuur kreeg daardoor een kosmopolitische inslag, met invloeden uit Rome, Griekenland, Egypte en Mesopotamië. Het rijk van de Nabateeërs strekte zich uit tot in Saoedi-Arabië, waar Madain Saleh ligt, de zusterstad van Petra, ook imposant, maar naar verluid met minder grandeur. Niets nieuws dus onder de zon op het gebied van culturele vermenging. Vandaag de dag zijn deze invloeden vooral te zien in de duizenden in de rotsen uitgehouwen graftombes. Deze zijn versierd met Griekse of Romeinse zuilen en sommige hebben

Egyptische of Babylonische piramides bovenop. De tombes van de antieke notabelen zijn de voornaamste attractie van Petra. Sommige zijn reusachtig, even hoog en breed als een kloeke Romeinse tempel.

Diezelfde avond lopen we met nog honderden andere bezoekers in stilte en bij het licht van 1.500 kaarsen door Petra naar de mooiste tombe, de zogeheten Schatkamer. De faraonische schat die hier verstopt zou zijn is echter nooit gevonden. Het terrein is nogal uitgestrekt, dus de volgende dag gaan we weer op stap. Na een Romeins theater en een straat met enkele Nabatese tempels en origineel Romeins plaveisel vind A het tijd voor een masseur, terwijl V met lunchpakket en wandelschoenen de meer afgelegen tombes gaat bezoeken. Een van die tombes, gelegen bijna bovenop een bergtop, heet het Klooster, omdat het er aan de buitenkant inderdaad als een kerk uitziet en er in de Byzantijnse tijd, eeuwen later, een stel monniken gewoond zou hebben. Ze woonden dan misschien in een graf, maar ze hadden wel een prachtig uitzicht over de Jordaanvallei.

De volgende dag gaan we naar Aqaba, waar we verblijven in een uitstekend hotel aan de Rode Zee en het ontspannen geblazen is. Na wel eerst van kamer gewisseld te hebben, want V is nogal kieskeurig als het om hotelkamers gaat. Dat ontspannen gebeurt overigens alleen in het hotel zelf en op het bijbehorende privéstrand, want daarbuiten is Aqaba één grote bouwput, waarvan het doel is om het Israëlische Eilat, dat je vanuit Aqaba kunt zien liggen, te evenaren qua hotellerie.

Of de timing van deze bouwactiviteiten gelukkig is, valt in deze tijden van recessie en politieke onrust natuurlijk nog maar te bezien. In en rond Gaza begint de boel weer eens uit de hand te lopen. Veel Jordaniërs halen echter hun schouders daarover op. Hamas kan op weinig sympathie rekenen buiten de Gazastrook, Iran en Zuid-Libanon. Te fanatiek, en ze verpesten het voor de rest, vinden velen. Overigens is twee derde van de Jordaniërs Palestijn. De verhoudingen tussen de Palestijnen en de oorspronkelijke Jordaniërs zijn soms gespannen. Koning Abdullah is met de Palestijnse Rania getrouwd en feitelijk is Jordanië dus al de Palestijnse staat waar nu zoveel geknok om is. In de oorspronkelijke plannen van de Britten, die deze regio als mandaatgebied beheerden, zou Jordanië Palestina worden en Israël inclusief Gaza en de Westoever het Joodse thuisland. Later bedachten de Britten zich. Een lokaal stamhoofd moest nog beloond worden met wat land en zo ontstond Jordanië als niet-Palestijnse staat.

Terug naar Israël en naar de Dode Zee. Die is zo zout dat hij geen leven bevat, met uitzondering van 11 micro-organismen die zich kennelijk aan die dieronvriendelijke vloeistof hebben weten aan te passen. Voor badgasten heeft het zoute water de gunstige bijkomstigheid dat het soortelijk gewicht ervan hoger is dan dat van een mens, zodat je met geen mogelijkheid kunt zinken. Zo kun je zonder je te bewegen de krant lezen in zee en de krant blijft zelfs droog bij het omslaan. Toch zouden we het met een e-reader niet proberen. De Dode Zee staat ook bekend om zijn heilzame werking. Zo genezen wonden veel sneller na een bad in het zoute water. Van mineralen uit de Dode Zee worden zelfs schoonheidsproducten gemaakt, die wereldwijd worden geëxporteerd. Rond de Dode Zee verrijzen ook steeds meer wellnessresorts die een groeiende markt bedienen. Omdat het meer krimpt, komen die echter wel steeds verder van de oever af te liggen. Jordanië en Syrië tappen het toevoerwater van de Jordaan en zijn zijrivieren af voor eigen gebruik, met als gevolg dat minder water de Dode Zee bereikt. Israël is inmiddels gestopt met het leegpompen van de Jordaan. Het meeste Israëlische drink- en irrigatiewater komt van ontziltingsinstallaties aan de Middellandse Zee en van hergebruik. Israël heeft veruit het hoogste percentage hergebruik ter wereld.

Onze volgende etappe voert naar Galilea, in het noorden. De tocht gaat ook zo'n vijftig kilometer over de Westoever, anders zou het wel erg ver omrijden zijn. Nog duurt de reis langer dan verwacht, omdat we in de buurt van Jeruzalem de weg kwijtraken. De wegen in Israël zijn weliswaar uitstekend (daar moeten namelijk ook hele colonnes tanks snel overheen kunnen), maar de bewegwijzering is hier en daar tamelijk Belgisch. Onze bestemming is Tsefat (ook Safed genoemd), een oud stadje met kronkelige steegjes en het centrum van de kabbalistiek. Het is inmiddels oudejaarsavond, maar daar doen ze in deze contreien niet aan. Als om 21:00 uur de laatste restaurants in Tsefat dichtgaan, is er niets meer te beleven. We gaan dus maar vroeg naar bed en staan vroeg in het nieuwe jaar weer op. Met privégids bezoeken we oude synagoges en ondergrondse woningen, die beschermen tegen de hitte in de zomer. In een van de synagoges zien we nog een oude Thorarol uit Amsterdam. Ook de begraafplaats is interessant: tweeduizend jaar oud en nog steeds in gebruik. De graven van bekende rabbijnen zijn blauw geschilderd; handig, want zo haal je die er zo uit. Tegen zonsondergang komt een hele schare orthodoxe Joden naar deze graven om er kaarsjes aan te steken en te bidden. Een devoot schouwspel, maar na een tijdje krijgen we het toch wel koud. Het is rond het vriespunt en we besluiten niet te wachten tot de laatste kaarsjes zijn opgebrand.

Met het nieuwe jaar, laait ook de strijd in en om Gaza verder op, maar behalve in de nieuwsberichten en hier en daar in gesprekken met de bevolking is er niets van te merken. Het leven gaat gewoon door. Voor V's vader, die in het zuiden woont, binnen het bereik van de Palestijnse raketten, is het echter een ander verhaal. Daar gaat dag en nacht het luchtalarm af. Dan moet hij binnen 45 seconden in de schuilruimte van zijn flat zijn. We zouden eigenlijk twee dagen bij hem logeren, maar voor de zekerheid boeken we ook maar een kamer in Tel Aviv. Je weet maar nooit.

De dag erop wijden we aan het christendom. Eerst naar het meer van Tiberias, met pelgrimsplaatsen als Tabgha en Capernaum, waar Jezus heeft gepreekt en vissen en broden zou hebben vermenigvuldigd en waar ook een deel van zijn discipelen vandaan komt, onder wie Paulus. Diens huis was een van de eerste kerken, waaroverheen in de loop der eeuwen steeds nieuwe uitbreidingen zijn gebouwd. De laatste toevoeging is een stalinistisch aandoende, betonnen katholieke kerk uit de jaren '60 van de vorige eeuw. We houden het er maar op dat de voornaamste functie van die kerk is de onderliggende oudere bouwsels tegen de elementen te beschermen. Er zijn veel toeristen hier, met een duidelijke oververtegenwoordiging van Duitsers, Russen en Italianen. Vervolgens gaan we door naar Nazareth. De voornaamste attractie daar is de basiliek van Maria Boodschap. Dat is een grote kerk, ook gebouwd in de jaren 60 van de vorige eeuw en bovenop de grot waar Maria van de aartsengel Gabriel te horen kreeg dat zij in verwachting was van een jongetje dat van zich zou laten spreken. De kerk en de ommegang zijn versierd met tegeltableaus die zijn geschonken door katholieken uit de hele wereld. De Nederlandse bijdrage kunnen we niet zo snel ontdekken. Zou de SGP dat hebben tegengehouden?

Even verderop staat boven een bron een Grieks-orthodoxe kerk. Volgens deze christelijke stroming zou Maria de boodschap niet hebben ontvangen in de grot, maar bij de bron waar zij zich stond te wassen. Zoals de grot is opgeëist door de rooms-katholieken, zo hebben de Grieks-orthodoxen de bron ingekapseld. Weinig toeristen nu in Nazareth overigens.

Weer een dag later verkennen wij het noorden van Galilea. Hier heb je een paar prachtige ruïnes van synagoges uit de laat-Romeinse tijd. Nadat de Romeinen in de eerste eeuw de tempel in Jeruzalem hadden verwoest (behalve dan de westelijke tempelmuur), werd Galilea het geestelijke centrum van het Jodendom en het bleef dat tot de Arabische veroveringen in de zevende eeuw. Van Galilea reizen we door naar Akko aan de Middellandse Zee, lange tijd de hoofdstad van de kruisvaarders in het Heilige Land. Ze bouwden er een reusachtige citadel. De ruimtes bovengronds verdubbelen zich onder de grond, met opslagruimtes, een heel gangenstelsel en een riool. De latrines hebben we ook kunnen bewonderen.

Maar ook de dikste muren bleken uiteindelijk niet bestand tegen de Mamelukse veroveraars in de dertiende eeuw, zodat de moslimheerschappij na twee eeuwen van kruisvaarders weer kon worden hersteld.

Na Galilea rijden we terug naar Jeruzalem. Een lawine van indrukken, zo kun je deze stad het beste omschrijven. Eerst ons hotel met schitterend uitzicht op de oude binnenstad: het flirten van V met de receptionist levert ons een suite op de bovenste verdieping op. En dan de stad zelf: meer dan drie millennia oud en het centrum van Jodendom, christendom en islam. We struikelen over oudheden, de een nog betekenisvoller dan de ander. Eerst gaan we met Roley op stap, een vriendin van V's zus, die gids van beroep is. Overigens heeft zij een zeer interessante achtergrond. Ze komt uit een familie van sikhs in India en is geboren in Calcutta. Ze groeide op in Japan, waar haar vader als officier diende. Toen ze tiener was, bekeerde ze zich tot het christendom en bekeerde en passant ook haar hele gezin. Het christendom beklijfde echter niet, want enige jaren later bekeerde zij zich tot het Jodendom. Nu is ze al 25 jaar bij Michael, haar derde echtgenoot, die op een degelijke Joodse middelbare school in Amsterdam heeft gezeten, maar nu aan een ieder die het horen wil verkondigt dat hij een niet praktiserende atheïst is (wat dan wel een praktiserende atheïst zou zijn, vertelt hij er niet bij). Goed, met

Roley lopen we dus door de binnenstad naar Yasser Barakat, een antiekhandelaar met een respectabel aantal dienstjaren. Mooie spullen heeft hij en allemaal topkwaliteit. Na ettelijke glazen muntthee gaan we weg met een ingelegd speeltafeltje en een Perzisch jachttafereel. De volgende dag gaan we met Roley naar Ein Kerem, een voorstadje in het Jeruzalemwoud, waar veel kunstenaars zijn neergestreken. Ook daar slaan we iets artistiekerigs in en de spirituele mens komt eveneens aan bod. We bezoeken de westelijke tempelmuur (ook wel Klaagmuur genoemd, hoewel er niet wordt geklaagd), waar A, zoals veel anderen, een wensbriefje in de muur stopt. Indrukwekkend om te zien hoe Joden van bijna seculier tot ultraorthodox daar ieder op hun eigen wijze met de eeuwige in contact proberen te komen. Terwijl V de muur aanraakt en even de ogen sluit, maakt A snel wat foto's van een peloton soldaten.

Dan is het door naar de Heilige Grafkerk, waar zes verschillende christelijke richtingen, van rooms-katholiek tot koptisch, in het schaarse licht moeten cohabiteren. Er zijn op de vloer zwarte lijnen getrokken om de sektes uit elkaar te houden, maar soms schijnt het tussen de geestelijken wel eens tot een handgemeen te komen. Enfin, voor het heilige graf zelf staat een rij Russische bedevaartgangers van hier tot Moskou, dus van een bezoek aan de crypte met het graf zien we maar af. Een bezoek aan de tempelberg met de rotskoepelmoskee kan natuurlijk niet ontbreken. Een neefje van Yasser, dat in het dagelijks leven islamitische Russen en Kazachen rondleidt, gaat met ons mee. De koepel zelf was eens bedekt met echt goud, maar dat is er allang geleden vanaf gesloopt. Nu is het aluminiumfolie met een goudverfje, maar van verre schittert hij nog steeds prachtig in de zon. De moskee zelf, eind zevende eeuw, is overal versierd met mozaïeken en Koranteksten. Overigens is de moskee ontworpen door Byzantijnse, christelijke bouwmeesters. In het Midden-Oosten van die tijd waren zij nu eenmaal de beste.

Nog steeds gaat de ellende in Gaza door, zonder dat wij er iets van merken. De bewaker van ons hotel vertelt ons dat als je als Palestijn een Qassamraket op Israël wilt afschieten – en dat willen veel Hamasleden – je hem zelf moet kopen, tegen een schappelijk prijsje van achthonderd dollar. Gaza's krijgsheren verdienen aldus een fortuin aan de handel in die dingen.

Als heuse tijdreizigers gaan we van stokoud Jeruzalem naar hypermodern Tel Aviv, het tweede Silicon Valley in de wereld. Van alle onderdelen in elke smartphone, tablet, phablet, laptop of pc is gemiddeld meer dan 30 procent gebaseerd op Israëlische octrooien en uitvindingen. Het boek *Startup Nation* beschrijft dat Israël, en vooral het stadsgewest Tel Aviv, wereldwijd de meeste start-ups per hoofd van de bevolking heeft. De auteurs stellen dat dit komt doordat Israël permanent bedreigd wordt. Existentiële dreiging maakt blijkbaar alle creativiteit in mensen los. We herkennen er wel wat van. De dreiging maakt ook dat *work hard, play hard* hier de norm is, met als gevolg dat Tel Aviv het sprankelendste uitgaansleven van het Midden-Oosten heeft.

In het Midden-Oosten is niet alles wat het lijkt. Ooit wandelden een kameel en een schorpioen langs de lokale rivier, de Jordaan. Ze wilden beiden naar de overkant. De kameel kon zwemmen, de schorpioen niet. Die vroeg de kameel een lift, maar die weigerde. "Zit je lekker op mijn nek terwijl ik de rivier overzwem en dan steek je me dood, *no way!*" De schorpioen smeekt en smeekt, en belooft de kameel niet te zullen steken. "Als ik dat zou doen, dan zouden we beiden verdrinken, want ik kan niet zwemmen" De goedhartige kameel laat zich overhalen. De schorpioen klimt op zijn nek en de zwemtocht begint. Midden op de rivier steekt de schorpioen de kameel dood. De stervende kameel, met brekende ogen, vraagt de schorpioen: "Maar waarom?" Die antwoordt: "Omdat dit het Midden-Oosten is." Waarop ze beiden verdrinken.

Dit oude verhaaltje illustreert hoe riskant het is om met Westerse ogen naar een conflict in deze regio te kijken en er een oordeel over te vellen. Toch is precies dat wat we doen. Al brainstormend met elkaar en met Joodse en Arabische Israeli's bedenken we dat het toch mogelijk moet zijn het conflict hier op te lossen. De Europese aartsvijanden van toen zijn nu verenigd in de Europese Unie. Vietnam vocht in de twintigste eeuw een bloedig conflict uit met de Amerikanen. Nu is Amerika een van de belangrijkste handelspartners van Vietnam. Waarom zou het dan niet goed kunnen komen tussen Israëli's en Palestijnen? Het idee om een eiland voor Gaza uit zee te winnen is pas het begin van A's denken buiten gebaande paden. Waar gaat het hier om? Twee stammen knokken om eenzelfde stuk land. Waarom verdubbelen we dat land niet, door landaanwinning? Als de koek groter is, is hij immers gemakkelijker te verdelen. Voor de kust van Gaza kan uiteindelijk een groot stuk land uit zee gewonnen worden, naar het voorbeeld van Dubai. Gaza plus het nieuwe land worden uiteindelijk samengevoegd tot de nieuwe Palestijnse Staat. Die staat krijgt er een stuk van het huidige Israël bij, in een punt lopend tot Oost-Jeruzalem. Ze kunnen van daaruit altijd terecht bij de rotskoepelmoskee op de Tempelberg. Het nieuwe land wordt met een *smart energy grid* en een *smart water grid* ingericht. Slachtofferdenken wordt radicaal beëindigd door dit nieuwe perspectief en door ander onderwijs, zonder Jodenhaat.

Terug in Nederland is het wapengekletter in Gaza al snel van de voorpagina's verdwenen. De twee partijen die elkaar al langer dan een eeuw in een houdgreep houden zijn weer overgegaan tot de orde van de dag. Deze mini-oorlog, zeker niet de laatste in dit kruitvat, leidde voor het eerst tot onrust in Nederland. Met name Marokkaanse Nederlanders demonstreerden tegen Israëls aanwezigheid op de Westoever, daarbij gemakshalve de eigen Marokkaanse bezetting van de Westelijke Sahara negerend. In Amsterdam hield een school enkele minuten stilte voor de slachtoffers in Gaza. Bange bestuurders gingen fluks een kopje thee drinken bij hun islamitische stadsgenoten, bang dat de emoties uit de hand zouden lopen. Een synagoge werd getroffen door een molotovcocktail. *What's new?* Toch was dit mini-oorlogje anders dan de andere in het altijd roerige Midden-Oosten.

Decennialang stonden Nederlanders in het conflict tussen de Arabieren (nu 300 miljoen) en Israël (6 miljoen) in grote meerderheid aan de kant van Israël. Dat veranderde geleidelijk in de jaren tachtig van de vorige eeuw. Israël verloor zijn underdogpositie en van oudsher steunen Nederlanders graag de underdog, terwijl bijvoorbeeld Amerikanen – en dat is cultureel bepaald – juist de sterke partij in een conflict steunen. De Arabieren in Gaza en op de Westoever kregen toen in plaats van de naam Arabier, die van Palestijn (afgeleid van Filistijn, een volk dat ooit in deze regio woonde) en een nieuwe underdog was geboren. Israël veranderde in *top-dog*.

Deze mini-oorlog was ook een nieuwe media-oorlog. Voor het eerst werd de strijd ook in volle hevigheid op YouTube uitgevochten. Voor het eerst ook kreeg burgerjournalistiek zo'n prominente rol. Burgers in Gaza, gewapend met smartphone, fototoestel en videocamera, deden verslag op websites en blogs. Twitter en Youtube werden massaal ingezet door beide partijen. Opmerkelijk was in ons land de scheuring die dit conflict in de SP teweeg bracht: de traditionele arbeidersaanhang moet niet zoveel van moslims hebben, steunt Israël en herkent zich in de berichtgeving op GeenStijl en in mindere mate bij de EO. Een kleine groep van salonsocialisten à la Gretta Duisenberg kaapte het issue, partijleider Agnes Kant machteloos achterlatend, en de partij kelderde fors in de opiniepeilingen. Politieke marketing is niet eenieder gegeven.

Opmerkelijk was ook de Marokkanisering van de publieke opinie. De meeste Marokkanen in ons land zijn Berbers en die worden door de Arabieren (waartoe ook de Palestijnen horen) doorgaans niet met grote liefde bejegend. Opmerkelijk genoeg identificeren veel Marokkaanse Nederlanders zich tegenwoordig juist met deze Arabische groep, terwijl in hun herkomstland de Arabieren de Berbertaal en -cultuur, ondanks initiatieven van de koning, nog steeds onderdrukken. "In ieder van ons schuilt een Palestijn", meldde UvA-studente Somaya Akachar aan *De Volkskrant*. Identificatie met de underdog is kennelijk ook populair geworden onder Marokkaanse Nederlanders, echte integratie dus. Opvallend is ook dat Turkse Nederlanders zich beduidend minder druk maken over dit conflict, dat ze nog kennen uit de tijd dat Turkije het Midden-Oosten bestuurde.

Israël trok zich, meer dan tien jaar geleden terug uit Gaza. De Palestijnen kregen miljarden ontwikkelingshulp uit de hele wereld. Met dat geld hadden ze van Gaza gemakkelijk een tweede Singapore kunnen maken. Singapore stapte in 1965 uit Maleisië, omdat de Singaporezen zwaar door de Maleisiërs gediscrimineerd werden. Singapore was toen een straatarm stukje moeras zonder zoet water. Maleisië sneed zelfs de zoetwatertoevoer af. Ondanks tegenspoed ontwikkelde Singapore zicht tot een van de 15 rijkste landen in de wereld. Nu zijn de verhoudingen met Maleisië weer redelijk. Gaza had dus het Singapore-model kunnen volgen. Maar dat gebeurde niet. Men sloot een alliantie met het Iran van de ayatollahs. Iran wil de baas worden van het Midden-Oosten (waar nu Saoedi-Arabië en Egypte nog grotendeels de lakens uitdelen) en zoekt bruggenhoofden in die regio. In Gaza werd met Iraanse knowhow, Iraans geld en Iraanse wapens Hamas opgericht. De banden tussen Iran en Hamas zijn overigens minder hecht dan in eerste instantie lijkt: Iraniërs zijn sjiieten, Gazanen zijn soennieten en die twee stromingen in de islam zijn niet echt dol op elkaar. De agenda van Hamas is te lezen op hun site: eerst de vernietiging van Israël, daarna vestiging van een islamistisch regime en daarna alle Joden uitroeien, de terreur exporteren naar Europa en de rest van de wereld, totdat de hele wereld leeft volgens de regels van het islamisme, het nieuwe fascisme.

Zwakke VN, gebrek aan wereldregering. De rol van de Verenigde Naties is in dit conflict zeer discutabel. De VN-vertegenwoordiging in Gaza heet UNRWA. Daar werken tienduizend mensen die hun baan verliezen als Gaza inderdaad een tweede Singapore zou worden. UNRWA wordt voor 50 procent gesubsidieerd door de Europese Unie en voor 31 procent door de Verenigde Staten. We zien op televisie snikkende VN-hulpverleners die melden dat een VN-school door Israeli's is getroffen. Ze verzuimen te melden dat er raketten in de kelders van de school verborgen lagen en dat het conflict ontstaan is dankzij de zwakke VN. In Tel Aviv bezochten we het gebouw waar Israël in 1948 zijn onafhankelijkheid uitriep, conform het delingsplan dat de VN voor dit gebied had bedacht: een deel voor Israël, en een deel voor de Arabieren dat Palestina zou gaan heten. Enkele uren na de Onafhankelijkheidsverklaring bestormden Arabische troepen van Egypte tot Irak het piepkleine landje. De VN deed niets. Tot ieders verbazing won Israël de oorlog: toen nog 600.000 Joden tegenover toen nog 120 miljoen Arabieren. Knap werk, vergelijkbaar met de beroemde slag tussen Sparta en de Perzen in de oudheid. Het gedrag van de VN destijds boezemde de Israëli's geen enkel vertrouwen in en sindsdien wantrouwen ze de VN.

Het gebied waarom geknokt werd en nog steeds wordt (Israël en Gaza en de Westoever van de Jordaan) is piepklein, nog kleiner dan Nederland. Ooit, al drieduizend jaar geleden, woonden de Joden er en hadden ze er hun eigen land. In Jeruzalem stond hun tempel. Ze woonden er duizenden jaren, met wat onderbrekingen, en hebben er stevige wortels. De meerderheid van de Joden woont nu buiten de regio in de diaspora. Een groot aantal Arabieren migreerde naar Palestina toen vanaf eind negentiende eeuw de Joden deze arme en vergeten uithoek van het Ottomaanse Rijk gingen ontwikkelen. Er was nog geen Palestijnse identiteit, die kwam pas na de stichting van Israël. Een onafhankelijk Palestina heeft nooit bestaan, de regio stond vijfhonderd jaar onder Turks bestuur, waarna de Britten het op de Turken veroverden.

Arabische leiders willen eigenlijk geen Palestijnse staat. Dat werkt slechts als precedent. Dan willen de Koerden in Turkije, Iran en Irak ook hun eigen staat. Dan willen de Kopten in Egypte en nog veel meer onderdrukte groepen eigen staten. Dat wil geen enkele Arabische regering. De steun vanuit die contreien aan de Palestijnen is dus niet meer dan lippendienst. Komt puntje bij paaltje, dan laten ze de Palestijnen keihard vallen. Langzaam beginnen sommige Palestijnen dat te beseffen. Als er echt vrede komt tussen Israël en de Palestijnen, moeten alle Arabische landen de staat van oorlog opheffen. Dat zou ook het einde betekenen voor de censuur en andere 'verworvenheden' die de betreffende dictatoriale regimes niet graag opgeven.

Gevoelige publieke opinie, foute Israëlische communicatie. Achter de krantenkoppen beïnvloedden deze gegevens en trends dus de uitkomst van het conflict. Net als in de jaren zestig van de vorige eeuw, is de Westerse publieke opinie erg gevoelig voor de propaganda van slimme vechtersbaasjes. Pas nu blijkt dat de Vietnamoorlog door Chinese agressie in de tijd van Mao tot stand kwam en dat veel soldaten die zich voordeden als Noord-Vietnamezen eigenlijk Chinezen waren. We geloofden de sprookjes van Ho Chi Minh (die net zo onverschillig was over mensenlevens in eigen gelederen als Hamas nu is) en huilden met de wolven mee. Nu doen we dat weer met Hamas.

Natuurlijk gaat Israël niet vrijuit. Het was een grote fout om Gaza en de Westoever maar half te bezetten: wel of niet doen, en dan helemaal ervoor gaan is in dit soort gevallen het devies. Het was fout om Israëlische nederzettingen te bouwen tussen Arabische dorpen. De Israëlische kolonisten, vaak immigranten uit de Verenigde Staten, zijn beslist geen lieverdjes. Nu zit Israël met ze in de maag. De kolonisten die Gaza moesten verlaten wonen nu op de Westoever en laten zich daar niet (weer) wegjagen. Teruggave van dit gebied aan de Palestijnen kan tot een burgeroorlog in Israël leiden. Strategisch een forse blunder dus. Ook was de communicatie van Israël over dit conflict en deze mini-oorlog niet al te best. Israël had in de aanpak van Gaza wel gelijk, maar kreeg het niet. De belangrijkste reden was dat Israël de verkeerde boodschap communiceerde. De publieke opinie wilde weten of het offensief in Gaza tot een structurele oplossing voor het conflict zou kunnen leiden. Het antwoord op die vraag is 'nee'. En daar zit de crux.

INDIA: STILTE VERLICHT JE LEVENSPAD

'Alles wat een begin heeft, heeft ook een einde. Sluit daar vrede mee en alles komt goed.' Met deze oude Indiase wijsheid in gedachten reizen we er heen. We waren beiden al vele malen in dit onmetelijk grote land, samen of met andere reisgenoten. In dit subcontinent komen 'maar' vijf miljoen buitenlandse toeristen per jaar, in het vele malen kleinere Thailand 20 miljoen. Een van de oorzaken daarvan is het Indiase visum. Dat moet je van tevoren aanvragen (en is niet zoals in veel andere Aziatische landen een stempel bij aankomst op het vliegveld). De papierwinkel mag er zijn: de Indiase overheid wil van alles over jou, je ouders en je grootouders weten en wenst een pasfoto op een formaat dat maar één enkele fotograaf in Amsterdam kan leveren. Je komt sneller door de bureaucratie heen als je een visumbureau inschakelt. Maar na veel gesoebat krijgen we het felbegeerde velletje en wij zien de visumaanvraag elke keer weer als een goede voorbereiding op India. Als je je goede humeur bewaart in dit bureaucratisch moeras, heb je een grotere kans om zonder ergernissen door India te reizen.

De naam van het land is afgeleid van de naam van de belangrijkste rivier: de Indus. India ligt op het Indische subcontinent en is voor het grootste deel een schiereiland, dat in het westen en zuiden grenst aan de Indische Oceaan en in het oosten aan de Golf van Bengalen. In het noorden grenst het land (van west naar oost) aan Pakistan, China (voornamelijk Tibet), Nepal, Bhutan, Myanmar en Bangladesh. Ten zuidoosten van India in de Indische Oceaan ligt de eilandstaat Sri Lanka en ten zuidwesten ervan liggen de Maldiven. Met zo'n 1,2 miljard inwoners is India na China het land met de meeste inwoners ter wereld. Door de eenkindpolitiek vertraagt de bevolkingsgroei van China, maar India groeit door en zal rond 2050 het land met de meeste inwoners ter wereld zijn. Omdat Indiase ouders liever zonen dan dochters hebben, kent India, net als China, een jongensoverschot. Veel meisjesbaby's worden geaborteerd, zeker op het platteland. Dat jongensoverschot – een lopende testosteronbom – zorgt voor veel ongemak. Verkrachtingen zijn endemisch en halen nu vaker de pers dan vroeger. India zou eigenlijk het homohuwelijk moeten invoeren. Als 5 tot 10 procent van de mannen zonder problemen met elkaar van bil zou kunnen, zou dat heel wat seksuele frustraties schelen.

Met Lufthansa reizen we naar Delhi (onze oosterburen vliegen stukken goedkoper dan onze nationale trots), naar het fijne Lalit Hotel. Dit hotel staat in geen enkele reisgids, maar heeft ondanks het wat gedateerde bruine jaren negentig-interieur altijd onze voorkeur. De locatie klopt, vlakbij Connaught Circle, en de service is goed. Het zit deze keer vol jongens uit allerlei landen, hockeyers die voor de wereldkampioenschappen onder de 21 jaar hierheen zijn gekomen. Wegens dit vermeende ongemak waardeert de receptionist ons op naar een suite, die blijkt te grenzen aan de massageruimte van de Duitse hockeyploeg. De paleisachtig brede gang biedt ruimte voor hun buikspieroefeningen en dat is op zich geen naar gezicht. Ooit, jaren geleden, loodste vriendin Gita Kapoor ons naar dit hotel en sindsdien is het onze vaste stek in Delhi. Gita woont vlakbij in een appartement, met haar vijf honden die elk een eigen slaapkamer en persoonlijke bediende hebben. De hondenbeestjes vergezellen haar nooit allemaal tegelijk als ze op pad gaat, maar ze heeft er regelmatig eentje mee, als dat zo uitkomt. Indiërs zijn over het algemeen geen echte lachebekjes, maar Gita compenseert dat in haar eentje voor die 1,2 miljard anderen. Ze is een luidruchtige, goedlachse vrouw, die zich de zus van A noemt en die A's moeder Soemintra – A was hier verschillende keren met haar – ook in de armen heeft gesloten als surrogaatmoeder. Gita werkt bij de Wereldbank, is columniste voor de Times of India, een grote Engelstalige kwaliteitskrant hier, en is Feng Shui-specialist. Ze adviseert bij de bouw en inrichting van huizen en hotels (ook het Lalit is op haar advies ingericht) en zorgt ervoor dat die qua Feng Shui tiptop in orde zijn. Feng Shui betekent letterlijk 'wind en water'. Wind verspreidt de positieve energie en water houdt die energie vast om ons leven te veraangenamen. Feng Shui is dus eigenlijk een methode om energie te brengen op plaatsen waar die ontbreekt, door middel van het op geraffineerde manier plaatsen van meubelen en accessoires en door kleuren en vormen te gebruiken. Gita beheerst deze kunst als geen ander. Ze loopt zelf in elk geval over van energie.

De witte winkelcolonnade Connaught Circle dateert uit de Britse tijd en herbergt winkels van vooral Westerse en Japanse merken. Je kan er Levi's voor Indiase prijzen kopen. De Indiase fabrieken die voor Europa produceren, maken hetzelfde voor de Indiase markt en hier worden de kleren verkocht tegen flink lagere prijzen. Connaught Place lijkt erg op de gebogen zuilenopstellingen in Britse kuuroorden als Cheltenham en Bath. Dat is geen toeval: het was bedoeld om de heimwee van de Britse kolonialen te verzachten. Vrijwel elke toerist in Delhi komt hier, met als gevolg veel insmijters en ander verkoopvolk.

De conciërge van het hotel regelt een auto met chauffeur die ons ruim een week door Rajasthan zal rijden. Geen reisbureau of andere tussenpersoon nodig. De trend dat tussenpersonen steeds vaker overgeslagen worden, zie je ook hier. Maar eerst bezoeken we wat lokale middenstand. Na al die jaren en met de hulp van Gita kennen we de goede adressen in Delhi. Al blijft het wel altijd oppassen voor taxi- en tuktukchauffeurs, die kunnen namelijk tot wel 20 procent commissie opeisen van de winkeliers waar ze je afzetten en uiteindelijk betaal jij dat zelf. Je kunt je dus het beste door de winkelier bij je hotel laten opvissen met zijn eigen auto, dat is voordeliger.

Achter het praalgraf van de zestiende-eeuwse keizer Humayun, in de wijk Nizamuddin East, is de textielhandel van een familie uit de noordelijke deelstaat Kasjmir. Samen met een Britse ontwerper maken ze in Kasjmir prachtige zijden en wollen sjaals: Indiaas ambacht, maar met modern Brits design. Niet té etnisch dus. Daarnaast handelen ze in antieke tapijten, vooral uit Samarkand. Eigenlijk komen die tapijten uit Xinjiang, in het noordwesten van China en dat voorheen Oost-Turkestan heette. Maar omdat westerlingen vooral in contact stonden met tapijthandelaren in de veel verder naar het westen gelegen handelsstad Samarkand, staan ze bekend als Samarkand-tapijten. Ze zijn handgemaakt en hebben kleurrijke Chinese en Turkmeense patronen. De afgelopen jaren kochten we hier enkele van deze kleden, op advies van vriendin Liesbeth N, die deze familie ontdekte toen haar man hier nog Neerlands consul was. We zijn er nog steeds blij mee, al was het maar omdat je in Europa weinig van dit soort tapijten ziet. Als een verarmde maharadja (vorst) zijn paleis leeghaalt, komen er wel eens wat Samarkands op de markt, maar er is moeilijk aan te komen. Of ze zijn verweerd of versleten. Maar in Kasjmir kan de familie ze tiptop voor je restaureren, als je dat zou willen. In de koude winter is daar weinig te doen en restauratie van antieke tapijten is dan een geliefde bezigheid.

In India is alles politiek, al sinds de Nehru-Gandhi-dynastie de macht greep. Sinds de onafhankelijkheid domineerde deze familie de Indiase politiek. Maar dat tijdperk lijkt nu voorbij. De leidende partij nu is de populistische, nationalistisch-hindoeïstische BJP, zeg maar 50 procent PVV en 50 procent SGP. Zelfs moslims hebben op ze gestemd, omdat iedereen genoeg heeft van de door vele regeringsjaren gecorrumpeerde Congrespartij van de Gandhi's. Narendra Modi is nu premier. Ooit begonnen als theebediende in Indiase treinen, klom hij snel omhoog. Van 2001 tot 2014 was hij minister-president van de deelstaat Gujarat. Modi's rol bij de rellen in Gujarat in 2002, waar in drie weken tijd naar schatting duizend moslims werden gedood, is omstreden. Hij wordt ervan beschuldigd niets in de weg te hebben gelegd van de agressie van de hindoes tegen de moslims. Anderzijds was Gujarat in economisch opzicht een succesverhaal tijdens Modi's ambtsperiode en bij de parlementsverkiezingen van 2014 leidde hij de BJP naar een spectaculaire overwinning. Van Modi werd lange tijd gedacht dat hij ongetrouwd was. Pas tijdens de verkiezingscampagne in 2014 bleek dat hij al 45 jaar onder de pannen was. Het ging om een gearrangeerd huwelijk. Kort na de bruiloft verliet Modi zijn vrouw, maar scheidde niet van haar. Indiërs gissen naar het liefdesleven van hun premier. Het lijkt Nederland wel.

India zou veel innovaties proberen tegen te houden, zoals verticale landbouw, 3D-printers, zelfsturende auto's en wat dies meer zij, zo vertellen Nederlanders en Belgen ons. De reden is dat zij in sommige sectoren werkgelegenheid kosten en overal in India zie je werkverschaffing, omdat arbeid vrijwel niets kost. Voor jou duizenden anderen, toch? Het gevolg van die lage lonen is dat ambtenaren doorgaans corrupt zijn. Een verkeersagent, bijvoorbeeld, verdient ongeveer 100 euro per maand. Zie daar je gezin maar van te onderhouden. Vermeende verkeersovertredingen kun je dan ook afkopen. Ook de chef krijgt een percentage. Modernisering, zeker nu de digitale transformatie doorzet in het Westen, maakt een betere en goedkopere dienstverlening mogelijk en kan corruptie bij de overheid verminderen. Maar wat te doen dan met al die werklozen? Met dit vraagstuk krijgen wij in het Westen straks ook te maken, maar in landen als India, met een ambitieuze en jonge bevolking, is het al een prangende kwestie. Zolang daar nog geen antwoord op is, zal de innovatietrein niet snel op stoom komen. In Modi's thuisstaat Gujarat is overigens, met Israëlische hulp, wel fors geïnnoveerd. Zo wordt zeewater ontzout om zoet water te winnen voor de landbouw. Modi is een groot vriend van Israël en bezocht dan ook als eerste Indiase premier dat land. Ook op militair gebied werken de twee landen al decennia goed samen.

We gaan naar Jaipur, de officieel roze, maar eigenlijk roestbruine hoofdstad van Rajasthan. Twaalf jaar geleden waren we hier ook. De wegen zijn nu stukken beter dan toen. De kleur roze dateert van de late negentiende eeuw, toen de toenmalige Britse kroonprins en latere koning Edward VII Jaipur bezocht. Maharadja Ram Singh liet de gehele stad roze schilderen ter ere van het hoge bezoek. Door de tand des tijds is het voorheen frisse roze wat opgeschoven in het kleurenspectrum. De chauffeur rijdt beheerst en spreekt weinig Engels. Daardoor blijven we gevrijwaard van allerlei trucjes om ons winkels binnen te loodsen voor commissie. We logeren in Royal Heritage Haveli, het vroegere jachtslot van de maharadja van Jaipur. Vroeger lag het te midden van bossen vol wild, tegenwoordig in de bebouwde kom. We worden wederom opgewaardeerd naar een suite, nieuw aangebouwd in traditionele Rajasthaanse stijl, inclusief plafondschilderingen en marmeren zuiltjes. Het hotel heeft een aangename tuin met zwembad en de kok kookt uitstekend. Eén maar: hij vast een keer per week, al 27 jaar lang, omdat hij als kind al met zijn vetrolletjes werd geplaagd. Het doet denken aan de katholieke kerk, die vroeger honderd vastendagen per jaar voorschreef, zodat de mensen een bourgondisch leven konden combineren met een beetje ascese en zo in balans bleven. Dat doet deze kok dus ook. Wij zijn de enige gasten deze dagen en alleen voor ons spelen twee jongemannen tabla (Indiase trommel), is er een vuur aangestoken buiten (het koelt 's avonds snel af, dus A draagt zijn zomerbontje) en zijn de twee obese beagles van de eigenares in een jurkje gehuld en nestelen zich behaaglijk aan onze voeten. Die eigenares is trouwens een aangenomen dochter van de maharadja, maar in India kan dat van alles betekenen. Wellicht is ze een buitenkind van de goede man? Haar echtgenoot is van het type *sleeping your way up* en laat dat ook duidelijk merken. "Ik heb de juiste vrouw getrouwd", bekend hij zonder enige schaamte. Hij wil weten wat wij voor de kost doen en schrikt als V vertelt een roman over een mannenharem geschreven te hebben die zich in India afspeelt. Hij verslikt zich nog net niet in zijn whisky en trekt zich snel terug. Om zich de volgende dag verbijsterend goed te herstellen. We worden overladen met reistips en krijgen van hem wijn en whisky mee voor onderweg, want onze volgende bestemming is drooggelegd en dat wil hij ons niet aandoen.

Mannenliefde is overigens wel een puntje in dit land. Sinds 2013 is ze weer strafbaar. Het hooggerechtshof in New Delhi vernietigde toen de uitspraak van een lagere rechtbank, waarmee in 2009 het verbod op homoseksualiteit was opgeheven. Volgens de hoogste rechters is *Section 377*, een zo'n 150 jaar oud wetsartikel uit de Britse koloniale tijd, nog steeds van kracht en het is aan het parlement en niet aan de rechter om de wet te veranderen. In het bewuste wetsartikel staat dat homoseks een 'tegennatuurlijk vergrijp' is dat met tien jaar cel kan worden bestraft. Overigens is seks tussen vrouwen wel toegestaan. Hiervoor zijn twee verklaringen in omloop. De eerste is dat de Britse koningin Victoria, tevens de keizerin van India, lesbische geslachtsgemeenschap ondenkbaar vond en zij huldigde de opvatting dat je geen wetten moest uitvaardigen voor iets dat toch niet voorkwam. De tweede verklaring is dat de Britse ministers niet eens bij hare majesteit durfden aan te kaarten dat er zoiets als seks tussen vrouwen bestond.

Hoe dan ook: vrouwen zijn op dit vlak gevrijwaard in India. Maar dit terzijde. Politieke en religieuze groepen waren na de vooruitstrevende uitspraak uit 2009 naar het hooggerechtshof gestapt. Christelijke en islamitische leiders reageerden dan ook verheugd op het arrest van het hooggerechtshof. Activisten voor homorechten waren daarentegen niet echt blij. Niruj Mohan, een Indiase homovoorman, zei: "Er heerst woede en angst. Voor de wetswijziging in 2009, toen homoseksualiteit dus ook strafbaar was, werd de wet voornamelijk gebruikt voor chantage, afpersing en intimidatie door onder andere de overheid en de politie. We zijn bang dat veel mensen nu niet meer uit de kast durven komen. Ik ben uit de kast sinds 1999. Mijn ouders en collega's weten ervan. Ik heb geen negatieve ervaringen gehad, maar ik heb vrienden die dat wel hebben meegemaakt, variërend van geweld tot ontslag. Een vriend is uit zijn woning gezet. Dit gevaar dreigt nu weer. Ook geweld tegen homo's komt veel voor. Na de uitspraak in 2009 nam dit iets af, maar nu neemt het weer toe. Vooral in de lagere klassen; ouders die gewelddadig worden als ze ontdekken dat hun kind homo is, maar ook de politie en bendes gebruiken geweld tegen homo's." Begin 2016 heeft het hooggerechtshof besloten om op verzoek van homo- en andere burgerrechtenorganisaties het eigen vonnis opnieuw tegen het licht te houden. Interessant was echter de reactie van het Indiase bedrijfsleven na de uitspraak van 2013. Multinationals als Tata (ook eigenaar van de hoogovens in IJmuiden) stuurden via advertenties in kranten en op televisie, en via tweets de boodschap de wereld in dat zij homorechten ondersteunen. Zo verscheen op Twitter en Facebook een advertentie met een afbeelding van twee identieke oorbellen en de tekst: "Twee van hetzelfde maken een prachtig paar." Deze grootbedrijven willen talentvolle mensen aan zich binden en wat die talentjes in bed uitspoken doet voor hen niet ter zake. Daarmee volgen Indiase multinationals Westerse bedrijven, die vaak op dezelfde manier reageren.

Het roestbruine (pardon, roze) stadspaleis in Jaipur is altijd weer een reis waard. Voor 15.000 euro per avond – exclusief catering, muziek en decoraties – kun je het afhuren voor een partijtje. Vanavond trouwt een Zuid-Afrikaans stel en voor de gelegenheid is het paleis helemaal versierd met fleurige lapjes, lampjes, bloemen en zo meer. De volgende dag wordt hier ook de nieuwe deelstaatregering van Rajasthan beëdigd, aangevoerd door een (echte) dochter van de maharadja, die al eerder premier van deze deelstaat van formaat Frankrijk was. Ze won de verkiezingen als lijsttrekster van de BJP. Zie je bij ons al iemand van adel als voorvrouw van nationaal-religieuze populisten? Freule Wittewaall van Stoetwegen of vader en zoon De Gaay Fortman zouden er niet aan hebben moeten denken. Het complex met binnenplaatsen en tuinen is het centrum van de oude stad. De gebouwen binnen de paleismuur dateren van verschillende tijden: de oudste hebben een leeftijd van drie eeuwen, het jongste is maar een kleine eeuw oud. Toch past alles bij elkaar, en niet alleen door de uniforme kleur. Alles, van de tempels tot de haremverblijven, is opgetrokken uit dezelfde sprookjesachtige mengelmoes van Rajasthaanse en Mogoel-bouwkunst. De kantelen, kartelbogen en djalivensters (ramen met een kantwerk ervoor gehouwen uit steen) stralen tijdloze elegantie uit. Dat begint al bij binnenkomst door de Virendra-poort, waar het 'welkomstpaleis' zich meteen aandient. De maharadja liet het anderhalve eeuw geleden bouwen als ontvangsthal voor hoogwaardigheidsbekleders die langskwamen. Het was destijds mode om gebouwen te laten ontwerpen door Europeanen en de Britse bouwmeester heeft dan ook aan de bestaande bouwkundige mengelmoes een Europees sausje toegevoegd, met leuke zuiltjes en zo. Voor de verandering is het welkomstpaleis niet roze, maar (gebroken) wit, mede door het gebruik van marmer. Tegenwoordig herbergt het een museum met koninklijke kostuums, die het fantastisch zouden doen op een verkleedfeest, en ook zeer fijne pasjminasjaals uit het schaaprijke Kasjmir. Heel wat stof is gaan zitten in de garderobe van de maharadja Sawai Madho Singh I. Met zijn 2 meter lengte en 250 kilo schoon aan de haak, waren de koninklijke couturiers wel even bezig. Aardig om te weten is dat hij er 108 vrouwen op nahield. We lopen door naar de Diwan-i-Khas, de audientiezaal waar de maharadja zijn ministers ontving. Meteen springen twee zilveren vaten in het oog, in de vorm van een stel dure parfumflesjes, maar wel bijna manshoog en naar verluidt de grootste in dit edelmetaal ter wereld. Maharadja Madho Singh II liet ze maken om er Gangeswater in te vervoeren naar de kroning van Edward VII in 1902. Als vrome hindoe leek dat de maharadja wel wat. We lopen door naar het volgende bouwwerk, en wel de Diwan-i-Am, de audiëntiezaal voor het gewone volk. Ook hier rijk geornamenteerde bogen en plafonds, misschien om indruk te maken. Hier zijn onder meer hindoegeschriften tentoongesteld die zo minuscuul zijn, dat ze makkelijk verborgen kunnen worden voor binnenvallende hordes, mochten die het niet zo op blijken te hebben met het hindoeïsme. Eeuwen geleden hadden ze daarmee ervaring hier. Toen schuimden de legers van de islamitische mogoels deze contreien af en die vonden het gepast uitingen van hindoeïsme uit de weg te ruimen. De ontdekkingsreis voert vervolgens naar de Pritam Niwas Chowk, de binnenste binnenplaats. Aan elk van de vier zijden zien we een rijk gedecoreerde poort die een jaargetijde verbeeldt. Het kleurrijkst is de pauwenpoort, met een stilistisch verbeelde opgestoken pauwenstaart als omlijsting van de bronzen deur. Deze verbeeldt de herfst, ook hier het natte seizoen. Stiekem denken we dat de pauw ook de trots van de maharadja's belichaamt. Tot slot bevindt zich achter het binnenhof het woonpaleis van de nu niet meer koninklijke Singhs. Hun ruim uitgevallen privéadres kan men onder begeleiding bezichtigen, maar dat slaan we deze keer maar over.

Voordat de Singhetjes in de stad zelf neerstreken, resideerden ze in de Amber Vesting. De vesting, die hoog boven Jaipur uittorent, wordt grotendeels in beslag genomen door hun voormalige, kloeke paleis van zandsteen en wit marmer. Het is mettertijd van achter naar voren steeds verder uitgebreid. We beginnen vooraan, na eerst aanbieders van olifantenritjes en verkopers van toeristische waar van ons te hebben afgeschud. Door de Zonnepoort betreden we de voorhof annex paradeplaats. Toen het nog gebruik was dat legers oorlogsbuit mee terug namen, zoals schatkisten en olifanten, werd die hier aan het volk getoond. De vrouwelijke leden van de maharadja-familie mochten zich natuurlijk niet onder het volk mengen. Die konden de buit aanschouwen vanachter hun djalivensters. Een royale trappartij leidt naar het hoofdgebouw, de Diwan-i-Am, het oudere zusje van de audiëntiezaal voor het volk in Jaipur. Een dubbele rij zuilen met kapitelen in de vorm van olifanten schraagt de geometrisch bewerkte, hoge zoldering. Een knappe bewaker spreekt ons aan en we gaan ermee akkoord dat hij ons een privérondleiding geeft in ruil voor wat *baksjiesj*. Enfin, de vertrekken van de maharadja zelf bevinden zich rond de derde binnenplaats, die we betreden door een wederom rijkelijk geometrisch bewerkte hoge poort, vernoemd naar de olifantgod Ganesja. Heel wat olifanten bij elkaar dus. Daar is ook de Jai Mandir, de Zegezaal. Overal zien we met glas en halfedelstenen in marmer ingelegde taferelen van flora en fauna; van fladderende insecten tot vazen met reusachtige boeketten. Geen wand is onbewerkt gelaten. De ramen zijn van kleine stukjes fel gekleurd glas en het plafond is ingelegd met spiegeltjes. Gebiologeerd kijken we om ons heen en omhoog.

Pas nadat de gids heeft gezegd dat er nog veel meer te zien is, laten we ons verleiden om verder te gaan naar de volgende halte, de Sukh Niwas, ofwel de Zaal van Plezier. Bedoeld voor de ontspanning van de vorst en zijn gevolg. De zaal heeft een geul waardoor koud water stroomt, zodat , zelfs in de zomer – wanneer de temperatuur vaak boven de veertig graden stijgt – het hier goed toeven is. Een soort airco *avant la lettre*. Helemaal achterin het complex ligt de *zenana* of vrouwenharem. De maharadja had veel vrouwen en kon ze onzichtbaar voor elkaar bezoeken. Vrouwen zijn nu eenmaal jaloers, nietwaar? De architectuur van de zenana voorzag in geheime gangen die de maharadja naar de vertrekken van de dames voerden. Sommige Indiase vorsten hielden er twee harems op na, een voor vrouwen en een voor mannen. V's roman *Mannenharem* is geïnspireerd op de dagboeken van een paar van die vorsten die wat te kiezen wilden hebben.

Door naar Pushkar, een van de heiligste steden voor hindoes. Het ligt aan een meertje waar mensen zich in het heilige water wassen, volgescheten door zwermen duiven. Twee brahmaanse priesters nemen ons onder de arm en zegenen ons (voor wat grijpstuivers, brahmanen verstaan de kunst van het bedelen als geen ander) en we brengen een bloemenoffer. Een van de twee priesters is vrijdenker over van alles en nog wat, van relaties tot economie. Hij bedelt niet openlijk en bekent zo af en toe een vrouwelijke toeriste te beklimmen, die op die wijze gezegend wenst te worden. We bezoeken ook de tempel van Brahma, met zijn oranjekleurige stompe toren. Een priesterstudent neemt ons op sleeptouw en doet ons voor hoe we bij de verschillende godenbeelden de gekochte goudsbloemen dienen te offeren. Natuurlijk bij Brahma, en ook bij Visjnoe, Sjiwa, Ganesja, Parwati en anderen. We luiden de koperen tempelbellen, zodat de goden weten dat we er zijn. In en rond de tempel hangen marmeren platen van donateurs. Sommige van die platen zijn in het Oerdoe, de taal van veel Indiase moslims (en de officiële taal van Pakistan). De student vertelt ons dat ook moslims doneren aan de hindoetempel voor hun spirituele heil.

In voor hindoes heilige steden is alcohol verboden, maar Indiërs zijn pragmatisch en in ons hotel mogen we de uit Jaipur meegebrachte wijn en whisky rustig in het restaurant opdrinken, zolang we maar niet pal aan het raam zitten. De ober, die intern woont en zijn vrouw en dochter maar een week per maand ziet (eenzaamheid lijkt hier net zo'n punt als in Nederland), zorgt goed voor ons. Al gauw komen twee elfjarige ventjes nieuwsgierig op ons af. Ze vertellen op een internationale school te zitten, waar ze ook Frans krijgen (hebben ze daar wat aan op een continent waar die taal is uitgestorven?) en hun vaders zijn respectievelijk politicus (van de Congrespartij) en hotelmagnaat. Erg schattig. De zoon van de politicus weet zeker dat "hij nooit de politiek in wil, want verkiezingen kun je ook verliezen". De jongetjes zijn afgedwaald van een feest in ons hotel. Een lokale zakenman en zijn vrouw vieren hun vijftienjarig huwelijksfeest. Het hele hotel is ervoor afgehuurd, inclusief tuin en zwembad. Zangers, dansers, spreekstalmeesters, een computergestuurd videoscherm formaat Tuschinsky I, een geluidsinstallatie die tot in Delhi is te horen en eindeloze buffetten. Wij blijken de enige buitenstaanders in het hele etablissement. Het feest komt echter maar niet los, want behalve voornoemde Gita zijn eigenlijk alleen Indiërs die naar Suriname zijn verscheept tot vrolijkheid in staat. Die zijn 'vernegerd', daar weet A alles van. Feesten in India zijn dan ook zo saai als een naaikransje en er kan bij de feestelijk uitgedoste gasten geen dansje vanaf. Het nachtrust verstorende feestrumoer kunnen we nog net hebben, maar als de volgende ochtend het warme water op de kamer uitvalt, is de grens bereikt. Daarbij dient vermeld te worden dat de badkamervloer al na een halve minuut douchen geheel onderloopt en dat onze kamer voor vijf sterren wel heel erg riekt naar kattenpis. Nadat niks is gedaan met onze klachten – het slecht opgeleide personeel in India heeft daartoe ook vaak onvoldoende bevoegdheid – nemen we zelf maatregelen. De combinatie van een doeltreffende woede-uitbarsting van A – de receptionist siddert en beeft en draait fluks het nummer van de directeur – en V die vervolgens vasthoudend de directeur op zijn verantwoordelijkheid wijst, resulteert uiteindelijk in een andere kamer, met warm water en zonder kattenpisparfum, alsmede twee kosteloze avondmaaltijden en restitutie van een nacht kamerhuur, vermoedelijk uit de zwarte kas. De Jaipurse whisky schenken we 's avonds goedgehumeurd aan onze ober in het alcoholvrije restaurant. En die is maar wat blij: India is immers een whiskyland.

De volgende dag babbelen we met een Surinaams-hindoestaanse moslimfamilie uit Den Haag die op pelgrimstocht is naar Ajmer, twintig minuten rijden van Pushkar. Twee van de dames zijn geheel behoofddoekt, de man draagt een moskeekapje en snorloze baard. Hoewel ze er dus enigszins fundamentalistisch uitzien, kunnen we smakelijk met ze lachen over de merkwaardigheden van dit land. Zoals gezegd: enigszins vernegerd. Ze hebben hagelslag en ontbijtkoek mee als heimweehap. Ook wij gaan naar Ajmer. Er is geen westerse toerist te bekennen en het is authentiek Indiaas. Op de levendige en nogal chaotische bazaar kopen we ook de plaatselijk wereldberoemde toffee met pistachenoten. Ook schaffen we twee witte zakdoeken aan om die om ons hoofd te knopen voor ons volgende religieuze bezoek. Dat is het graf van de twaalfde-eeuwse soefiheilige Khwaja Muin-ud-din Chishti, aan het eind van de bazaar. Het is een grote trekpleister voor moslims van heinde en verre, om niet te zeggen tot aan Den Haag. Het soefisme is een verlichte stroming binnen de islam. Ook hindoes bidden bij het graf: het spiegelbeeld van Pushkar, waar moslims bij de hindoes komen buurten. Ajmer is niet alleen een bedevaartoord voor het soefisme, maar ook een centrum van het jainisme en we bezoeken de grote Jaintempel. Het jainisme is een duizenden jaren oude polytheïstische godsdienst (zoals ook het hindoeïsme). Jains wijzen het kastenstelsel echter af en staan bekend om hun vredelievendheid voor mens en dier. Ze zijn dan ook vegetariërs (en eten ook geen ui en knoflook). De tempel huisvest een gouden maquette waarin de geschiedenis van het heelal volgens de jains is weergegeven. Een hal ter grootte van een gymzaal is ermee volgebouwd en we lopen in verwondering rond. Er is een metershoge, nagebouwde heilige berg, met daarnaast een blinkende tempelstad. Aan de zoldering hangen pauwenbootjes met musicerende goden.

We gaan door naar Bundi, een authentiek Rajasthaans stadje aan de voet van een berghelling waarop een reusachtig maar vervallen maharadjapaleis staat. Met zijn verspringende balkonnetjes, afdakjes en torentjes, lijkt het ontworpen door Anton Piek. In de rond de binnenplaatsen gelegen, halfopen zalen bevinden zich goed bewaarde wandschilderingen van hindoegoden, processies en meer wereldlijke zaken. In het erboven gelegen fort wonen agressieve makaken, maar met een gehuurde stok zijn ze gemakkelijk te verjagen, zodat we ongestoord naar de kantelen kunnen klimmen. Vandaar hebben we een wijds uitzicht over de stad met zijn vele blauwe huizen (blauw is de kleur van de brahmanen), het paleis en het nabijgelegen meer. Hoewel Bundi overwegend hindoeïstisch is, bezetten moslims er de lucht: vijf keer per dag, te beginnen om 5 uur in de ochtend, roepen de geluidsinstallaties van de moskeeën luidkeels en langdurig op tot het gebed. Daar helpen geen oordoppen en gesloten ramen tegen. In de tijd van Mohammed bestonden er overigens nog geen elektrisch versterkte luidsprekers en tegenwoordig kun je gelovigen ook uitstekend per sms of Whatsapp oproepen (wat ze in Doebai doen), dus er zijn eigenlijk geen redenen om ongelovigen niet rustig te laten doorslapen.

Vanaf Bundi is het acht uur rijden naar het Dadhikar Fort, dat een boetiekhotel met 22 kamers herbergt. Het ligt afgelegen op een berg een eindje buiten de stad Alwar. We kijken uit over akkertjes, maar vooral over woeste grond en bossen, zover het oog reikt. De eigenaar van het hotel, die het fort acht jaar geleden in vervallen toestand aankocht van de radja (edelman van lagere rang dan maharadja), heeft ingrijpend verbouwd en aangevuld. Het eeuwenoude fort is nu vermoedelijk fraaier en zeker comfortabeler dan het ooit is geweest. Wat ons opvalt is dat het hier zo rustig is. Dan beseffen we pas hoe druk en lawaaiig India meestal eigenlijk is. Je went eraan, daar niet van, maar de rust is weldadig. De keuken is veganistisch (dus we krijgen ook geen ei bij het ontbijt), maar desondanks van hoog niveau. Ons balkon is met bougainville omgroeid. Genietend van de rust bovenop de berg, laten we een nabij tijgerreservaat maar voor wat het is. In de stad Alwar zelf staat wederom een reusachtig paleis van een maharadja, dat nu grotendeels in gebruik is als school en als locatie voor overheidsdiensten (er worden nog typemachines gebruikt!). Een klein deel is als museum ingericht en huisvest een zeer interessante collectie miniaturen, deels op ivoor geschilderd en met veel erotische afbeeldingen. Sommige taferelen hebben bijschriften in het Hindi, andere in het Perzisch of Oerdoe. En dat terwijl je volgens de strikte interpretatie van de islam geen mensen mag afbeelden, laat staan copulerende!

Maar vroeger waren ze wat schikkelijker. Een paar meisjes in schooluniform lopen er giechelend aan voorbij. Het paleiscomplex en het ernaast gelegen grafmonument van een overleden maharadja ogen schilderachtig, mede door hun vervallen staat. En ook hier is alles ondergepoept door duiven. (Heeft hier nog niemand gehoord van duivenvoer met sterilisatiemiddel erin, zodat de plaag vanzelf minder wordt?) En wederom nauwelijks een buitenlandse toerist. Erg oers.

Vanuit Alwar is het een halve dag rijden naar het vliegveld van Delhi. Daar nemen we een vlucht naar Bhubaneswar, de hoofdstad van de deelstaat Orissa, aan de oostkust onder Calcutta, dat nu Kolkatta heet. Veel namen van steden zijn de laatste jaren ont-Engelst. Of het een verbetering is? Misschien voor wel voor Nederlanders, want de namen worden nu in Latijnse transcriptie fonetischer gespeld. Ook Orissa heet tegenwoordig Odisha, maar in het Engels wordt nog vaak de oude naam gebruikt. Bubhaneswar heeft de omvang van Rotterdam, wat voor een Indiase stad, zeker een deelstaathoofdstad, als klein doorgaat. De brede, lommerrijke lanen waarover het verkeer vlot doorstroomt, geven een frisse indruk vergeleken bij veel andere, rommeligere Indiase steden. De stad is echter vooral bekend om haar vele hindoetempels. Die worden onderverdeeld in 'dood' (niet meer in gebruik, dus je mag je schoenen aanhouden) en 'levend' (nog wel in gebruik, dus uit eerbied, schoenen uit). De oudste tempel dateert uit de zevende eeuw (dood) en het hoogtepunt is de Lingaraj-tempel uit de elfde eeuw (levend). Het heiligdom steekt meer dan 50 meter de lucht in, rijk versierd met geometrisch beeldhouwwerk en stenen leeuwen, apen en andere beestjes. De tempel is omgeven door tientallen kleinere tempels. Helaas is het heiligdom *slegs vir hindoes* en geheel ommuurd. Ongelovigen mogen vanaf een verhoging op afstand het geheel gadeslaan. Gelovigen offeren er bloemen, geld en andere zaken die de goden vermoedelijk zullen behagen. Voor een volgende keer: verrekijker mee. Verderop, een eindje buiten het centrum, maar beslist de moeite waard: meer dan tweeduizend jaar oude, in grotten uitgehouwen jaintempels (morsdood). Ondanks hun ouderdom, gebrek aan onderhoud en bezoekers die er met hun tengels aan zitten, heeft veel beeldhouwwerk de eeuwen nog redelijk doorstaan. V wordt gevraagd fotograferend te figureren in een promotiefilmpje dat ze net aan het draaien zijn.

De laatste dagen brengen we door in Konark, aan de Golf van Bengalen. Ons 'eco-resort' bestaat uit een verzameling houten hutten aan het strand en is het beste wat de streek de veeleisende toerist te bieden heeft. Overigens betekent 'eco' in India eerder 'goedkoop bouwmateriaal' dan 'milieubewust'. Maar er zwerft op het terrein geen plastic, wat elders in India vaak wel het geval is. Het resort prijst ook zijn ajurvedisch massagecentrum aan. Dat lijkt ons wel wat. De masseur moet echter uit het veertig kilometer verderop gelegen Puri komen en de politie wil de weg nog wel eens afsluiten om redenen waarnaar het gissen blijft. De massagehut blijft dus meestal ongebruikt. Verder ontbeert het strandresort strandstoelen, parasols en andere strandparafernalia. Het gebrek aan voorzieningen wordt echter meer dan goedgemaakt door het uiterst vriendelijke en behulpzame personeel. Zo wenst A een oranjekleurige lekkernij die zijn oma voor hem placht te bakken: jelebi. De opperkelner gaat er speciaal voor in het dorp naar op zoek. Ook de keuken verdient een vermelding. De chef-kok, met halve meter hoge muts, heeft er duidelijk plezier in en bakt voor ons dosa's (opgerolde, krakeling-knapperige pannenkoeken) met een doorsnee ter lengte van zijn hoofddeksel. Beide uiteinden steken een vorklengte over het bord heen. En de krab- en viscurry's zijn een omweg waard, om in Michelin-termen te spreken. En we moeten eerlijk toegeven: het kerstfeest ter plaatse heeft onze mening over het feestvermogen van Indiërs enigszins bijgesteld. Op de opzwepende maten van Bollywoodpop die zelfs de vissen tot diep in de Golf van Bengalen aan het swingen moet hebben gebracht, wordt hartstochtelijk op het strand gedanst. Misschien helpt het dat het beste danspaar (met het keukenpersoneel als jury) een gratis overnachting in het resort krijgt aangeboden. Wij doen in elk geval extra ons best, maar moeten het – geheel terecht – afleggen tegen een stel uit Kolkatta. Meneer is echter ambtenaar en weigert de prijs, want ambtenaren in India mogen geen commerciële cadeaus aannemen. Dat zou immers op omkoping kunnen duiden. Is hij dan de enige eerlijke ambtenaar in dit land?

De belangrijkste reden om naar Konark te reizen is echter niet het strandvermaak, maar de Zonnetempel. Dit dertiende-eeuwse tempelcomplex (dood sinds de zestiende eeuw) dat al vanuit de verte oprijst , was een der belangrijkste hindoeheiligdommen in middeleeuws India. Het is gedeeltelijk gerestaureerd en trekt nu busladingen toeristen, ook hier vrijwel alleen Indiërs. Wij vragen onze gids waarom niet meer is gerestaureerd, zoals de ingestorte tempeltoren. De aan een oog blinde man zegt dat tegenwoordig een wet bestaat die wederopbouw verbiedt. Ook verval is deel van de geschiedenis, zo is de gedachte erachter. Wij kijken hem wat bevreemd aan. De Keulse dom is toch ook herbouwd? Hij legt uit dat regulier onderhoud, zoals het reinigen van het beeldhouwwerk, wel is toegestaan. Gelukkig maar, want de *haut- en bas-*reliëfs rondom de tempel zijn de moeite waard. Die bestaan, overigens net als in Khajuraho, dat wij jaren geleden hebben bezocht, voor een belangrijk deel uit erotische voorstellingen. Seksuele voorlichting, legt de gids uit. In alle mogelijke (en voor stijve westerlingen, ook onmogelijke) standjes. Stelletjes, triootjes en groepsacrobatiek, het is duidelijk dat de fantasie moet worden geprikkeld. Klopt, vervolgt de gids, want als de lichamelijke spanning vervolgens is ontladen, staat de mens meer open voor geestelijke en spirituele zaken. Wij vragen hem of er ook afbeeldingen zijn van twee mannen met elkaar, zoals we in Khajuraho hebben gezien. De halfblinde veinst ons niet te begrijpen en loopt gauw door. Mahatma Gandhi zei al: "Oog om oog maakt de wereld uiteindelijk blind."

LETLAND IN DE OVERGANG

'Wie nat is, vreest geen regen', luidt een gezegde in Rusland en de Baltische staten. Ze hebben dan misschien dit gezegde met elkaar gemeen, verder hebben ze een ongemakkelijke relatie met elkaar. Voor degenen die minder dan twee minuten hebben opgelet bij geschiedenis zetten we de historie van Letland en zijn buren eerst even op een rijtje. Wie wel heeft opgelet, kan deze eerste alinea natuurlijk overslaan. De Baltische staten, of Oostzeelanden, liggen aan de oostkust van de Oostzee. Het zijn van noord naar zuid Estland, Letland en Litouwen. De Baltische landen hebben naast hun ligging en hun vergelijkbare grootte gemeen dat ze zich alle drie aan het eind van de Eerste Wereldoorlog losmaakten van de Sovjet-Unie, die toen net was ontstaan. In het Molotov-Von Ribbentroppact van 1939 kwamen nazi-Duitsland en de Sovjet-Unie overeen dat de Baltische staten opnieuw in de invloedssfeer van de Sovjet-Unie kwamen. In juni 1940 werden ze door de Sovjets bezet en in 1991, met het uiteenvallen van de Sovjet-Unie, opnieuw onafhankelijk. De drie landen zijn parlementaire republieken en traden in 2004 toe tot de Europese Unie en de NAVO. Letland, onze bestemming op deze reis, wordt begrensd door Estland in het noorden, Litouwen en Wit-Rusland in het zuiden en Rusland in het oosten. Met ongeveer twee miljoen inwoners en een oppervlakte van 65.000 vierkante kilometer behoort het tot de dunst bevolkte landen van de Europese Unie. De hoofdstad is Riga, de officiële taal is het Lets en de munteenheid is er sinds 1 januari 2014 de euro (voorheen was het de Letse 'lats'). Tot zover de geschiedenisles.

Zoals gezegd is het land lang bezet geweest door de Russen – of vanuit een andere politieke invalshoek: bestuurd geweest – maar na de 'Zingende Revolutie' van 1987 begon het zich los te maken van de Russische beer om later te worden ingelijfd door het Groot-Europese Rijk, oftewel de EU. Dat doet Rusland nog steeds pijn. Iedere grootmacht omringt zich graag met landen die een stootkussentje vormen tegen de invloedssfeer van de volgende grootmacht. Voor de Verenigde Staten is dat Midden-Amerika, de natuurlijk achtertuin waar geen inmenging van buitenstaanders wordt geduld. Brazilië rekent vele landjes in de regio tot zijn invloedssfeer; voor India geldt dat ook voor enkele landen in de buurt; en voor China idem dito. Rusland beschouwde de Baltische staten altijd als onderdeel van de eigen invloedssfeer en dat lijkt ook logisch. Er schijnt bij de val van de Berlijnse Muur een herenakkoord te zijn gesloten tussen de toenmalige Duitse leider Helmut Kohl en de Russische leider Michael Gorbatsjov, waarin werd afgesproken dat Oost-Duitsland zonder problemen in Westerse handen zou overgaan, maar dat in ruil daarvoor de Russische invloedssfeer in de rest van Oost-Europa gehandhaafd zou blijven. Nadat de voor de Duitsers de buit binnen was, 'vergat' het Westen de afspraak en rukte op tot in de Baltische staten. Geen wonder dat Rusland zich belazerd voelt. En voor de goede orde: in de geschiedenis is het twee keer een Europese leider geweest (eerst Napoleon, vervolgens Hitler) die Rusland binnenviel, waarop Rusland riposteerde met een tegenaanval en bezetting van Oost-Europese landen om zo een buffer te bouwen tussen Moskou en het opdringerige Westen. Rusland was nooit als eerste de agressor, dat was het Westen. "De beste definitie van de mens is volgens mij: ondankbare hond', schreef Fjodor Dostojewski al, en dat lijkt in dit kader niet zo gek. En nu Rusland weer meer als vijand geldt, lijken de Letten weliswaar lief, maar dat waren ze lang niet altijd, zo leren we in het ouderwets ingerichte Joodse fotomuseumpje dat verhaalt over wat de Shoah hier heeft aangericht. Niet alleen was Riga een knooppunt voor de treinen die Joden naar de concentratiekampen brachten, ook de Letten zelf vermoordden vele van hen, nog voordat ze door de Duitsers naar de vernietigingskampen konden worden afgevoerd.

Riga, met 700.000 inwoners bijna zo groot als Amsterdam, is beroemd om haar jugendstil- of art nouveau-architectuur. In het oude stadscentrum staan een paar juweeltjes van gebouwen, maar in het zogeheten Stille Centrum, de wijk ten noorden van de oude stad, vind je de top-exemplaren van deze bouwstijl. Michail Eisenstein (de vader van de bekende cineast) is de bekendste architect van een aantal van de vele artnouveau-huizenblokken hier. Een wandeling erlangs is een reis naar een vorige eeuw. De gebouwen zijn vaak opgedeeld in appartementen en een van de bewoners nodigt ons uit het trappenhuis te bekijken. Ondanks het gebrek aan onderhoud zien we nog steeds de sierlijke, aan de natuur ontleende lijnen in de trapleuning en de deuren. Knap dat men toen met veel minder technologie dan nu wist te bouwen met een tijdloze elegantie.

De stationsbuurt is duidelijk minder welvarend dan het goed opgeknapte stadscentrum. In hangars waarin ooit zeppelins waren geparkeerd, is de markt gehuisvest. De vismarkt biedt veel keus, waaronder steur, de vis waar de beroemde kaviaar uit komt. De pakhuizen achter de markt, vroeger een gribusbuurt, zijn nu opgeknapt en om een of andere reden op de Unescolijst van werelderfgoed gekomen, evenals en veel begrijpelijker de binnenstad en het Stille Centrum. We logeren in het Radisson Elisabetes hotel, dat goed op loopafstand ligt van de meeste bezienswaardigheden. Het Huis met de Zwarte Hoofden (oftewel Melngalvi nams) in de binnenstad – het gildehuis van de Duitse kooplieden dat is vernoemd naar de Morenkop die zij in hun wapen voerden – werd in de Tweede Wereldoorlog beschadigd, daarna gesloopt en in 1999 gereconstrueerd. Het oogt Hollands of Vlaams, een bétje Brugge of Middelburg aan de Oostzee. Maar het is fraaie tijdloze architectuur en de negers op de gevel zijn boeiend. Pal ernaast staat een gruwelijke zwarte doos, het museum dat aan de Russische bezetting herinnert. Dat had wat ons betreft wel in een mooi Kremlin-achtig gebouw gemogen. Het oude stadhuis is uitgebreid met gruwelijke nieuwbouw, die het ooit mooie pleintje ontsiert. We koekeloeren in verschillende antiekwinkeltjes, maar er is niets van onze gading bij. Het Museum voor Handnijverheid heeft een geweldige expositie van Lets keramiek uit de eerste helft van de twintigste eeuw. Na de onafhankelijkheid in 1919 uitte het losgebarsten Letse nationale bewustzijn zich onder meer in keramische kunst met veel artdeco-elementen.

De oude stad telt ook een flink aantal kerken. Letland is overwegend protestants (luthers), met katholieke en Russisch-orthodoxe minderheden. Vooral de Pieterskerk is bijzonder. Tijdens de Tweede Wereldoorlog verwoestte een brand zowel toren als kerk, maar in 1954 startte de restauratie en in 1970 had de kerk weer een toren. Met de huidige hoogte van 123 meter heeft de kerk zelfs een van de hoogste kerktorens wereldwijd. Je kunt met de lift naar boven en vanaf daar stad en ommelanden zien liggen, waaronder de rivier Daugava. Indiase en Chinese toeristen hebben de weg hierheen ook gevonden. Het orgelconcert (Bach, Vivaldi, Cesar Franck en anderen) in de even verderop gelegen Dom is een hoogtepunt. De organiste bewerkt de meer dan zesduizend pijpen majestueus en het gaat uitstekend samen met de twee trompettisten die een nootje meeblazen. Riga telt veel goede restaurants en we eten voortreffelijk. We eten koe in de Blauwe Koe, klassiek in Neiburgs, Russisch in Oom Wanja en fusion in Bergs (met een goede sommelier en zeker ook een toetje bestellen!). Het Vrijheidsmonument is een lange staak met bovenop een vrouw die drie sterren in de lucht houdt. Bij de Letten is de vrouw bekend als Milda en de drie sterren staan voor Koerland, Lijfland en Letgallen, de drie delen van het Russische rijk (of voor wie verder in de tijd terug wil, de drie gebieden waar Duitse ridderorden de dienst uitmaakten) waaruit het zelfstandige Letland is ontstaan. Het monument is tussen 1931 en 1935 tijdens de eerste onafhankelijkheid van Letland opgericht. De Russen hadden er een hekel aan en probeerden het na de oorlog keer op keer te slopen, onder meer omdat het voor verkeersopstoppingen zou zorgen. Het gemeentebestuur maakte het plein eromheen daarop autovrij, wat het nog altijd is, en daarmee was dat probleem opgelost. Er staat een houten schommel voor het monument en Letse kindekes kraaien van plezier, begeleid door Letse volksdeuntjes uit een luidspreker. We zien het wisselen van de wacht bij het monument dat eindigt met het afvoeren van de wachters in bruin uniform in een busje. Keurig toneelspel, maar er mag wel iets meer theater van worden gemaakt. 's Avonds confereren de lokale nozems er op motoren. Met een ouderwets trammetje gaan we naar de overkant van de rivier, waar nog veel houten herenhuizen staan. Daar mocht de Letse elite wonen tijdens de Duitse heerschappij over de stad, tot begin twintigste eeuw. Mooie gebouwen, dat wel, maar ze vergen wel veel onderhoud en dat kan de Letse portemonnee klaarblijkelijk niet altijd trekken.

Rijke Russische toeristen kopen in Riga graag Italiaanse mode en de lokale boetiekjes bieden die dan ook gretig aan. We hadden nog nooit gehoord van het Italiaanse modemerk Billionaire, maar hier wordt het verkocht. Russinnen op hoge stiletto's, in zwarte geblindeerde suv's bestuurd door gorilla-achtigen, frequenteren de winkeltjes. Straatnaamborden zijn vaak tweetalig en het Russisch is op straat veel te horen, want zo'n 27 procent van de bevolking van het land is Russisch. Riga heeft zelfs een Russischtalige burgemeester. De rest spreekt merendeels Lets, een Indo-Europese taal waarin V als talendier veel woorden en grammaticaregels herkent, net als veel Duitse leenwoorden. Maar Letland worstelt met de positie van de Russische minderheid. Zeker sinds de gebeurtenissen in Oekraïne, is het een speelbal in de vraag om loyaliteit en invloed. Rusland beschouwt zichzelf nog altijd als het thuisland voor alle etnische Russen, ongeacht hun huidige woonplaats en ziet voor zichzelf de rol van beschermer van zijn 'landgenoten'. Deze rol wekt in Letland uiteraard de nodige argwaan op over de intenties van Moskou en veel Letten maken zich ernstige zorgen over de loyaliteit van hun Russische minderheid, die de grootste is van de EU. Het angstbeeld van de Letse overheid is overdreven en met haar uitsluitingsbeleid jegens Russischtalige inwoners maakt zij juist de weg vrij voor de Russische autoriteiten om te proberen de Russischtalige Letten binnen hun invloedssfeer te brengen. De Letse politiek is zeer sterk gericht op het beschermen van de Letse taal en identiteit en gaat hierin voorbij aan de status van de grootste minderheid van het land. En zo voelt een deel van de Russischtalige Letten zich gediscrimineerd en zij gebruiken de twee grootste politieke vraagstukken van Letland om onrust te zaaien in de Letse samenleving, te weten de status van het Russisch als tweede taal en de positie van zogenoemde niet-staatsburgers, *nepilsoņi*.

Het probleem met de nepilsoņi is een direct gevolg van het Sovjetverleden. De Letten zien de tijd van de Sovjet-Unie als een bezetting van het onafhankelijke Letland uit het Interbellum. De Russische migranten die in de dagen van de Sovjet-Unie al dan niet gedwongen naar Letland verhuisden, worden als bezetters beschouwd en krijgen sinds 1991 niet meer automatisch Lets staatsburgerschap. Hierdoor hebben zij geen stemrecht. Dertien procent van de bevolking heeft geen staatsburgerschap, en de helft van hen is etnisch Russisch. De officiële definitie die de Letse autoriteiten hanteren voor de nepilsoņi is 'voormalig staatsburgers van de Sovjet-Unie die na het uiteenvallen hiervan geen andere vorm van staatsburgerschap hebben'. Rusland en een deel van de Russischtalige Letten wijzen er echter op dat Letland zich vrijwillig bij de Sovjet-Unie heeft aangesloten en stellen dat deze mensen dus nooit zijn geëmigreerd, laat staan hebben bezet. Een veel gehoorde uitspraak is dan ook 'Niet die mensen zijn vertrokken, maar het land is vertrokken'. Politiek gezien liggen beide lezingen zover uit elkaar dat er op korte termijn geen oplossing valt te verwachten. Sterker nog, de laatste jaren heeft de nieuwe Letse ombudsman, Jānis Jansons, juist olie op het vuur gegooid door te stellen dat er helemaal geen probleem bestaat met nepilsoņi en dat de Russische taal zo snel mogelijk uit Letland moet verdwijnen. Russischtalige mensenrechtenactivisten hebben als reactie hierop de Bond van Niet-Burgers opgericht, die dienst doet als alternatieve vorm van politieke participatie en een eigen ombudsman heeft gekozen: Jelena Bačinska. De Letse autoriteiten bekijken deze ontwikkelingen met argusogen en hebben het idee dat de Russische minderheid de Letse staat probeert te ondermijnen door steeds meer staatsrechtelijke instanties te kopiëren.

Maar achter de nationalistische retoriek is Letland de ultieme plek voor witwassen van Russisch geld. Onderzoeksjournalist Arno Wellens vertoefde hier vaker en ontdekte dat Letland door Russische oligarchen wordt gebruikt om zwart geld wit te wassen. Hij schrijft: "De voormalige Sovjetrepubliek heeft flink moeten bloeden voor het faillissement van een van haar banken, terwijl daar vooral Russisch spaargeld op stond. De EBRD (Oost-Europa Bank) droeg een steentje bij, maar moest zo een verlies nemen van €57 miljoen. Volgens een kuchende regenjas had Letland een geheime verplichting om dat verlies te compenseren, als het eenmaal tot de eurozone was toegelaten. Net als Griekenland werd Letland zo dus gezonder voorgesteld dan het was, bij de toetreding tot de euro. De conclusie is dat Nederlands belastinggeld gebruikt wordt om een

Russische witwasbank te herkapitaliseren. We verdienen er nog aan ook. Het gaat hier om Parex Bank, een spaarbank uit Riga die in 2008 staatssteun kreeg. Letland had destijds twintig banken, voor 2 miljoen inwoners. Toch had alleen Parex al een half miljoen rekeninghouders. Dit betrof vooral Russische spaarders, die hun geld buiten de reikwijdte van de Russische fiscus wilden houden. Deze bewering klopt ook met een bericht van Wikileaks. De Amerikaanse ambassadeur in Letland deelde daarin zijn zorgen met de Amerikaanse president. Dat bleek, volgens de ambassadeur, al uit de slogan van een van de Letse banken, in het Russisch, en niet in het Lets: 'Letland. Net iets dichterbij dan Zwitserland.' Dat was dus Parex Bank, het eigendom van twee etnisch Russische oligarchen. Door een reeks slechte beleggingen, en deals waarbij ze zichzelf verrijkten ten koste van de Russische spaarders, stort de bank in 2008 in, net als enkele andere Letse banken. Tot de verbijstering van de Letse bevolking wordt deze bank, en daarmee de rekeningen van de Russische spaarders, gered. De banken waar het geld van gewone Letten op stond mochten wel omvallen. Om de redding van Parex te financieren gaf de EU Letland een noodlening van €7,5 miljard, wat gelijk staat aan 40% van het bruto nationaal product van het land. Dit bedrag zit nu in de staatsschuld, en zal moeten worden terugbetaald door de lokale belastingbetalers die hun eigen spaargeld wél zagen verdampen. Deze redding leidde dan ook tot gewelddadige rellen in Riga, omdat de Letse belastingbetaler nu moet opdraaien voor de dekking van Russisch spaargeld."

Niet alles is dus wat het lijkt, zo toont Wellens aan. Letland pest enerzijds de Russische minderheid, maar laat zich graag gebruiken door witwassende Russische oligarchen. Leidt dit alles wel tot enig toekomstperspectief voor het land en zijn bevolking? Nee. Letland is een stervend land. De vergrijzing is fiks en de jeugd trekt weg. Op den duur wordt het hier een Disneyland annex openluchtbejaardenhuis. Maar dat geldt voor wel meer plekken in Europa.